Life Goals

LAURA BRIJDE

Life Goals

ALLE HASHTAGS HOOGHOUDEN
IN EEN WERELD
VOL VERWACHTINGEN

2020 Prometheus Amsterdam

Omslagontwerp Jan van Zomeren
Foto's omslag en titelpagina's Samantha Bosrijk
Lithografie afbeeldingen Marc Gijzen
Zetwerk Mat-Zet bv, Huizen
www.uitgeverijprometheus.nl
ISBN 978 90 446 4168 4

Inhoud

5 #HAPPYLIFE

Woord vooraf

Het is een bijzonder zonnige winterdag in Málaga, mijn geliefde Málaga. Ik zit in een koffietentje een prijzig maar onsmakelijk avocadosapje weg te slurpen terwijl ik omringd ben door verliefde stelletjes en vrolijke vakantiegangers. Met mijn oortjes in, MacBook voor mijn neus en iPhone in mijn linkerhand schiet ik razendsnel door mijn to-dolijst en mails. Ik had me eerder deze week voorgenomen een paar dagen rust te nemen, maar rust is tegenwoordig net zo zeldzaam als een ongesteldheid zonder pukkels. Bovendien, wie kan er nou wel stilzitten, als je net te horen krijgt dat je een boek mag gaan schrijven?

De likes vliegen om mijn oren na mijn boekaankondiging op Instagram en ik voel een sterke scheut van adrenaline en voldoening. Bewust van de absurditeit hiervan spreek ik mezelf streng toe. *Geluk haal je niet uit cijfertjes! Wees niet zo ijdel!* Kort hierna maakt mijn enthousiasme plaats voor onzekerheid. Wat nou als mijn boek niet aanslaat of, nog erger, ik me kwetsbaar opstel en bergen aan online kritiek over me heen krijg? Ik wuif de onzekere gedachtes weg en besluit dat ik wel een vakantie zou kunnen gebruiken. Naar Bali, bijvoorbeeld. Binnen de kortste keren heb ik tientallen pagina's van prijsvergelijksites openstaan en schiet ik van hot naar her op zoek naar de voordeligste én meest perfecte surflocatie.

Ik glimlach. Voor de zoveelste keer betrap ik mezelf op dit wispelturige gedrag. Typisch iets voor mijn generatie.

De millennials: geboren tussen 1980 en 2000 in een tijdperk vol technologische ontwikkelingen. Hoogopgeleid en met een ontembare lust naar succes in het leven. Aangezien het lastig is een generatie te definiëren die nog relatief jong is, kan het ook zijn dat je je aangesproken voelt, maar tot de vroege Generatie z hoort. Voor deze generatie is echter nog geen duidelijke definitie, al wordt zij ongeveer tussen 1996 en 2015 geschat. Mocht je al deze labels maar ingewikkeld vinden, dan kunnen we altijd nog terugvallen op de leukste én lekkerste benaming:

Avocadogeneratie (de, g.mv.): generatie van de millennials die een vrij exclusieve levensstijl ambiëren, ontleend aan het Engelse *avocado generation*, een term die zijn naam ontleent aan de door de millennials gepopulariseerde (en kostbaar gemaakte) avocado.

Millennial, vroege Generatie z of avocado – grote kans dat jij er ook een bent. Jouw leven draait om technische snufjes, dromen waarmaken en vooral plezier hebben in alles wat je doet. En toch is het allemaal op de een of andere manier nooit genoeg. Herkenbaar?

Zelf voel ik me een prototype millennial: een typische levenslustige digitale stuiterbal, geboren in 1995. Een gemiddelde werkdag bestaat uit persevents bijwonen, video's opnemen, artikelen schrijven en campagnes uitwerken. Hashtag influencer. Hashtag wát heb ik een hekel aan dat woord.

Oh boy, waar begin ik? Is er überhaupt een specifiek moment in de tijd waarop een millennial voor het eerst millennialgedrag begint te verto-

Kleine Lau (1999)

nen? Of sluipt het er langzaam in tot het ineens zo duidelijk aanwezig is dat het lijkt alsof het er altijd al geweest is, als een zwarte haar die prompt midden op je wang zit?

Computers zijn voor zover ik me kan herinneren altijd in mijn leven geweest. Op mijn derde levensjaar ramde ik met mijn dikke spekvingertjes voor het eerst woest op de toetsen van onze pc. De computer, die meer een koelkast te noemen was, stond in de opbergkast van de woonkamer. Om toegang te krijgen tot deze computer moest je eerst de stofzuiger aan de kant zetten, een stoeltje uitklappen en vervolgens een plekje voor je benen vinden tussen de vakantiekoelbox en een paar oude skeelers die ik niet meer paste. Waar laat je anders zo'n lelijk groot ding?

Op mijn negende pakte ik stiekem het LOI-leerboek van mijn vader erbij en las ik zoveel als ik kon over HTML-taal. Alarm: ik had het millennialvirus nu officieel te pakken. Niet veel later ging mijn eerste echte website live. Waar een kind op deze leeftijd voorheen zijn of haar Tamagotchi in leven probeerde te houden, ontwierp ik een fanpagina van het kinderanimatieprogramma *Winx Club*, inclusief bewegende animaties van elfjes en wonderwezentjes.

Op mijn tiende besloot ik dat ik een boek zou gaan schrijven. Ik had op het *Schooltv-weekjournaal* gehoord dat een elfjarig jongetje een fictieboek had geschreven, dus waarom zou ik dat dan niet kunnen? Ja hoor, daar hadden we de 'alles is mogelijk'-mentaliteit al. *Het schip met de zeven zeilen* was mijn eerste boek gebaseerd op een lichtelijke obsessie met de *Pirates of the Carribean*-films. En wanneer ik zeg obsessie, bedoel ik een kamer vol Orlando Bloom-posters waar mijn kwijl letterlijk op zat.

Mijn tweede boek heette *Tamara*. Ik weet niet meer precies waar dit over ging, maar de cover van het boek staat me nog wel bij. Een portret van een meisje met bruin haar, glimlachend in de regen. Griezelig, hè? Als je je nu een mooi beeld voorstelt, moet ik je teleurstellen: ik had het meisje in Paint in elkaar gefrutseld. Ja, Paint! Kun je je nog de uren herinneren die je doorbracht zonder internet op een computer? Paint, Tetris en flipperkasten waren helemaal hot in de jaren nul. En mijnenvegen. Ik vraag me tot op de dag van vandaag af of er een kind is dat dat spel ooit helemaal begrepen heeft.

Nooit maakte ik die boeken af. Daar was geen tijd voor. Opgroeien in die periode was een leuke, maar ook een verwarrende periode. Je kon de ene hobby niet afmaken of er werd alweer een andere in je gezicht gedrukt.

Elke seconde werd er iets nieuws uitgevonden en de mogelijkheden waren eindeloos. Mijn poster-, knikker- en stenenverzamelingen werden al snel ingeruild voor Diddl-plaatjes, Pokémon-kaarten en Flippo's. Voor ik het wist had ik mijn eerste Nokia 1100 (*damn*, onverwoestbaar), inclusief de Crazy Frog-ringtone en natuurlijk het onmisbare spel Snake, die niet veel later ingeruild werd voor een vette openklapbare Samsung met spiegeltje en diamantjes op de behuizing. De lifehack van 2004 was een babysok als telefoonhoesje gebruiken. Deze kon je eenvoudig delen met vriendinnen (want ze verkopen nergens maar één sok) én vervolgens hip aan een koortje om je nek hangen. Is het niet bizar hoeveel er is veran-

Puberende Lau (2011)

derd? Wij speelden spelletjes in de vorm van een streepje pixels dat een slang moest voorstellen en liepen met een babysok om onze nek, terwijl ze tegenwoordig op dezelfde leeftijd het over contouring, TikTok-likes en viral YouTube-video's hebben.

In de jaren die daarop volgden werd mijn liefde voor elektronica alleen maar groter en zo ook de mogelijkheden. Als ik thuiskwam was het eerste wat ik deed de voorraadkast in duiken. Daar had ik de meest diepgaande gesprekken op MSN met mijn vriendinnen, oude bekenden en mijn eerste vriendjes. We stuurden elkaar zogeheten Winks, schreven oM dE lEtTeR mEt eEn HoOfDlEtTeR en klikten vijftig keer op in- en uitloggen om de aandacht van onze crush te krijgen. Na MSN kwam al snel Hyves en voor ik het wist krabbelde ik erop los. Wat een mooie tijd. Was je op vakantie geweest? Dan werd dat duidelijk gemaakt door alle 324 foto's in een album gewoon, hupsakee, op het internet te gooien. Uitgelekte foto's of gehackt worden? Maak je niet zo druk, joh! Filters bestonden nog niet en áls je je foto's al bewerkte, dan deed je dat met zo veel contrast en licht dat het leek alsof je geen neus meer had. Dansende bananen waren hét ding van 2007 (dat wist de oma van mijn ex maar al te goed te benadrukken – gênant!) en waar de 'Eindelijk, respect!'-functie nou écht voor was heeft zelfs de oprichter niet kunnen uitleggen. Ook YouTube-video's werden, vooral in de muziekwereld, langzaam maar zeker een ding en plots stond het hele schoolplein te 'jumpen' op DJ Porny. Gelukkig waren we nog te jong om daar een betekenis aan te koppelen.

Tijdens mijn zomervakantie in 2008 kwam ik via een paar Engelse vakantievrienden voor het eerst in aanraking met Facebook, al zouden mijn vriendinnen en ik elkaar krabbelen tot in de eeuwigheid. Die krabbeldroom werd al snel vernietigd toen Hyves met de aankondiging kwam te stoppen. Uiteindelijk eindigde ik daarom toch, mokkend en al, met een complete Facebook-pagina waar ik niet veel later honderden vrienden op zou hebben. Toen ik enkele jaren later, in 2012 om precies te zijn, mijn eigen fashion-Instagram inclusief beschamende outfits en lelijke filters onder de naam @fashion_chickX123 (waar niemand van afwist) creëerde, was het digitale plaatje compleet.

Nu je inmiddels iets meer over mijn verleden weet, heb je vast al een bepaald beeld gecreëerd van wie ik ben als persoon, net zoals dat je een eerste indruk van mij had toen je de foto op dit boek bekeek of snel door de eerste bladzijdes bladerde. Als het beeld dat je tot zover van mij hebt je teleurstelt, wil ik mijn excuses aanbieden. Misschien heb ik niet genoeg mijn best gedaan. Of juist te veel. Weer een interessant stukje uit het millennialtijdperk: we willen allemaal aardig gevonden worden. Door hoe meer mensen, hoe beter. Er is dan ook een flinke *fuck it*-mindset nodig om dit zo eerlijk mogelijk te schrijven. Vooroordelen gaan er komen en het enige wat ik kan doen, is mezelf zijn.

Ik realiseer me dat ik pas 24 jaar op deze wereld rondwandel en nog veel, heel veel te ontdekken heb. Maar ik ben op weg. Ik struikel en val af en toe op mijn smoel of loop tegen een spontaan verschenen muur aan, verlies hier en daar mijn gezond verstand en ben in staat mijn eigen hoofd te vergeten, maar het is allemaal deel van mijn millennialbestaan. Het houdt het spannend en zorgde er zelfs voor dat ik mezelf in de afgelopen jaren niet alleen verloren of gevonden, maar zelfs een klein beetje ontdekt heb.

Dit boek is opgedeeld in verschillende elementen die naar mijn mening de tijd waarin wij leven zo speciaal maakt. In de bladzijdes die komen, zul je me steeds iets meer leren kennen en zul je misschien jezelf hier deels in herkennen. Ik vertel je over mijn goede keuzes, mijn verschrikkelijke dompers en geef je advies – niet als een expert, maar als een medestander. In hoofdstuk één vertel ik over carrière maken in een wereld die nooit stilstaat, waarna ik in het tweede hoofdstuk inga op de liefde en de opmerkelijke gevoelens die daarbij komen kijken. In het derde hoofdstuk bekijk ik onze onzekerheden met een vergrootglas, en hoofdstuk vier gaat over de ontembare wanderlust die we meer dan ooit lijken te voelen. In het laatste hoofdstuk onderzoek ik het simpele maar gecompliceerde woord geluk, iets waar we al generaties naar streven, en wat ook vandaag de dag een verdomd lastige taak blijkt te zijn.

Dit boek is voor alle generatiegenoten die zich soms verloren voelen. Ik wil je nieuwe inzichten geven die niet alleen herkenbaar zijn, maar ook duidelijkheid scheppen. En ik hoop dat je dit boek erbij pakt als het allemaal niet meer lijkt te gaan. Ik hoop dat je lacht om mijn blunders en leert van mijn fouten, maar stiekem is het mijn grootste wens je tussen de regels door nét even dat steuntje in de rug te geven. Want hoe overleven we onze generatie?

1

#GIRLBOSS

De zon scheen. Het was benauwd voor een dag eind september en toch liep ik daar, bezweet en al, met een enorme grijns op mijn gezicht. Het gedreun van mijn oude tennisschoenen (ik had tennis maar liefst een week lang volgehouden) galmde over het asfalt. Ik kon niet geloven dat ik daadwerkelijk aan het rennen was. Hoewel, rennen, joggen of met een drafje vooruit strompelen was een betere omschrijving. In een opwelling had ik mijn gloednieuwe en supercoole Adidas-joggingpak uit de kast gegrist (gekocht om in te chillen, niet om in te jóggen) en daar ging ik dan, lijdend, hijgend en kreunend langs het kanaal van Purmerend.

Het feit dat ik vrijwillig aan het zweten was, was vrij merkwaardig te noemen. Als mensen mij vroegen welke sporten ik gedaan had, vielen de monden vaak open. Ballet, streetdance, turnen, atletiek, voetbal, tennis, paardrijden... Vergat ik nog iets? Ik genoot dan altijd even bewust een paar seconden van dit geluksmomentje, totdat ik moest opbiechten dat ik geen enkele sportieve activiteit langer dan een jaar had volgehouden. Ja, ik had heel wat sporten met de jaren verslonden, maar nooit écht iets uitgevoerd. De laatste poging tot mijn droomsport vinden was middels een abonnement op de sportschool met mijn toenmalige beste vriendin. Het leek zo goed te beginnen, maar de derde keer belandden we op magische wijze in de snackbar in plaats van op de loopband. Lang leve de maandelijkse opzegtermijn.

Wie had ooit gedacht dat ik, het luie kind dat nooit verder rende dan een vijfenhalf bij de piepjestest, hier daadwerkelijk iets aan het doen was! 'Nice work! You beat a record!' De Nike+-app praatte tegen me als een coach. 'Stom mens, een record is ook niet zo moeilijk als je nooit eerder hebt gerend,' murmelde ik terug. Bij thuiskomst propte ik voldaan een half knoflookbrood van mijn favoriete bakker naar binnen. Je zou denken dat deze verrukkelijke hap een prima beloning was na de zeldzame sportieve daad, maar ik had het vreemde gevoel dat er iets miste. Nog meer brood? Een dutje misschien? Met de zweetsnor nog op mijn lippen dook ik uiteindelijk maar achter mijn laptop, niet wetende dat daar het antwoord zou liggen.

De eerste weken van mijn hardloopavontuur struinde ik in mijn vrije uurtjes Amerikaanse (sport)blogs af en was ik actief op het Girlscene-forum, op zoek naar gelijkgestemden die dezelfde sportieve interesses deelden als ik. Het idee om een website te hebben die je naar eigen wens zou kunnen inrichten maakte me nieuwsgierig. Destijds waren de bekendste blogs voornamelijk fashionblogs, en ik vond kleding leuk, maar vond ik het zo leuk om er elke dag over te schrijven? Het idee van bloggen stopte ik dus maar weg, tot het moment waarop ik merkte dat ik het hardlopen toch wel serieus begon te nemen. Dít was iets wat ik met de rest van de wereld wilde delen! Een (sport)blog zou een stok achter de deur zijn, een motivatie om deze keer het sporten niet op te geven. Mijn nieuwe project worden, mijn nieuwe verslaving. Ja, het leek een logische volgende stap.

Die stap zou mijn leven voorgoed veranderen.

'Mama, later als ik groot ben wil ik (juf/K3/een vliegende eenhoorn) worden!' We hebben het allemaal gezegd, nietwaar? Zo gilde ik drie jaar lang dat ik pruikenmaker wilde worden na een documentaire gezien te hebben. Die ambitie werd later ingewisseld voor taartenbakster, geheel dankzij meneer Abel. Het maakt niet uit of je een bestaand beroep of compleet bedacht kinderverzinsel ambieerde, vroeg of laat kwam je erachter dat wat je wilde worden misschien toch niet zo haalbaar was als het in eerste instantie leek. Als het überhaupt al bestond. Slechts een enkeling weet van kleins af aan wat zijn of haar roeping is. Mijn zusje is er een van. Bibi roept al sinds haar derde levensjaar (destijds was ze ervan overtuigd niet Bibi, maar Pipi te heten) dat ze juf wil worden. Waait wel weer over, zou je denken. Inmiddels is ze negentien jaar en gaat ze elke dag met veel plezier naar de pabo.

Mensen als Bibi zijn te vergelijken met een lente zonder allergieën: heel fijn, maar ze komen zelden voor. In de realiteit laten we veel te vaak het leven maar gewoon op ons afkomen, niet bewust van de signalen die ons vertellen welke richting we het best op kunnen gaan. Met in veel gevallen tussenjaren, verkeerde studiekeuzes en ongeduldige, grommende bazen als gevolg. Het klinkt een beetje als een luxeprobleem. Waar je vroeger als vrouw de keuze had uit een handvol banen, zijn de carrièremogelijkheden nu eindeloos. Ja, de generatie van onze ouders en de millennials verschillen in behoorlijk wat opzichten. Onze droombaan kent geen grenzen meer, heeft misschien zelfs nog geen naam. Onder de motto's 'Volg je hart' en 'Doe wat je leuk vindt!' zoeken we een functie die bij onze persoonlijkheid past. Is die baan er niet? Dan creëren we hem zelf gewoon! We werken steeds vaker als freelancer of kiezen ervoor ons eigen bedrijf(je) op te zetten. En dat is geweldig. Schouderklopje voor ons.

De levenscyclus is verschoven en zelfs hier en daar compleet van richting veranderd. Vroeger was het levenspad al voor je uitgestippeld: van school, naar een huwelijk, naar een huis vol met zo veel gillende kinderen als mogelijk was. Je kon hier en daar een vroege afslag nemen of later invoegen, maar uiteindelijk kwam het op hetzelfde neer. Tegenwoordig zijn er nog maar weinig stelletjes die bewust op jonge leeftijd aan kinderen beginnen. En geef ze ongelijk. Ik zat op mijn twintigste nog volop in de knoei met mijn obsessie voor gezond eten en sporten (hoofdstuk drie) en struggelde om voor mezelf te zorgen. Laat staan voor een minime! De kinderen díe we hebben lijken ook veranderd te zijn; ze zijn wijzer, soms brutaler. Sommigen halen op hun tiende al meer geld binnen dan hun ouders ooit gedaan hebben. Kinderen van nu roepen niet meer dat ze bij de politie of de brandweer willen, of iets als taartenmaker willen worden. In plaats daarvan hebben ze het over YouTuber, TikTokker, influencer.

Millennials en Generatie z zijn opgegroeid met het internet en onze smartphones zijn vastgegroeid aan onze handen. Veel verschil is er niet. Met de generatie voor ons, Generatie x, is het verschil echter wel degelijk opmerkelijk: aan hen werd er nog een betere toekomst beloofd. Zij hadden geen Sophia Amoruso die hun vertelde hoe ze een #girlboss zouden worden. Geen #girlcrushwednesday of #girlssupportgirls-beweging. Ze deden niet aan *Thirsty Thursdays* of vrijmibo's, en als ze het al deden, had het geen vaste hashtag. Was dat beter of slechter? Niet per se, maar één ding is zeker: onze generatie biedt complete, angstaanjagende vrijheid. Aan ons werd geen betere toekomst beloofd, want wij werden geboren in die betere toekomst. De verwachtingen schoten al door het dak voordat we überhaupt onze eerste stapjes gezet hadden. Hoe kunnen we ooit goed genoeg zijn in een wereld waar het altijd beter kan?

Kun je je het gevoel van jouw eerste echte loonstrookje nog herinneren? Voor mijn eerste € 32,10 had ik vier weken lang elke dinsdagavond drie uur staan 'zwoegen' in Pizzeria Italia. Op een gemiddelde dinsdag hadden we twee of drie tafels te dekken, spannender werd het niet in de stilste straat van Purmerend. De vaste klanten Piet en Nel waren het hoogtepunt van de week. Zij deelden altijd een pizza quattro formaggi, maar duwden vervolgens wel stiekem een briefje in mijn hand, wetende dat mijn baas de fooi voor zichzelf hield. Van glazen poleren en afrekenen tot brood snijden en bedienen. Ik mocht zelfs een gratis pizza van het menu kiezen voordat ik begon met werken! Voor mij was het een compleet nieuwe wereld. Dertien jaar of niet, ik had de toekomst helder voor ogen. Een Vespa zou mijn eerste doel zijn zodra ik de *sweet sixteen* had bereikt, gevolgd door een MINI Cooper Cabrio S-editie op mijn achttiende. Als ik nu voor mijn dertienjarige ik had gestaan had ik waarschijnlijk hard gezucht en gedacht dat het om een verwend typetje ging, maar het tegendeel is waar. Ik kreeg van jongs af aan mee dat sparen verstandig was, en werken werd altijd flink gestimuleerd. Cadeautjes waren er, maar ik kreeg absoluut niet alles wat mijn hartje begeerde.

Het gevoel van onafhankelijkheid beviel me uitermate goed en voor ik het wist, was ik door heel Purmerend aan het solliciteren voor meer werk. Met mijn drie uur per week en € 2,70 per uur zou ik immers niet op die Vespa eindigen. De lokale buurtsupermarkt was de enige die mij aan wilde nemen. Armen vol krassen van de scherpe schappen, gebroken nagels en potten doperwtjes stukgeklapt over de vloer werden deel van mijn wekelijkse routine. Ik kreeg daar te maken met zeurende oude vrouwtjes, roddelende moeders en aandacht zoekende pubers. Net als veel jongeren van die leeftijd kreeg ik op mijn zestiende eindelijk de kans om in een van de drukstbezochte lunchtentjes van Purmerend te gaan werken. Daar leerde ik hoe het voelde om een kokendheet en overvol glas latte macchiato in de Dior-tas van een deftige klant te gooien (ai!), rode wijn op een Boss-overhemd te morsen en de mannen-wc schoon te maken net nadat een flinke meneer na een grote lunch een nog grotere boodschap had achtergelaten.

De zomer van 2012 was mijn bijbaantjeshoogtepunt. Ik besloot na mijn eindexamens de langste zomervakantie die ik ooit zou krijgen te steken in, je raadt het al, geld verdienen. Naast het serveerwerk nam ik nog een baantje. We waren een bijeengeraapt zootje jongeren dat dacht de wereld aan te kunnen. Sommigen net van de havo zoals ik, anderen al tegen de dertig en zonder ook maar één diploma op zak. Onze jonge baas motiveerde ons elke ochtend weer met een vreemd verhaal over de slechte relatie met zijn moeder en de Ferrari die hij nu had om haar het tegendeel te bewijzen en voor ik het wist probeerde ik door heel Nederland donaties voor Greenpeace binnen te halen. Niemand van het groepje werknemers had zich op die leeftijd bewust ingezet voor dierenwelzijn, maar zodra het moment kwam om een abonnement te verkopen, hadden we het nergens anders over. Dagen bestonden uit acht uur op de benen staan, non-stop willekeurige mensen op straat aanspreken en vooral mijn grootste glimlach opzetten. Heel vermoeiend als je me het nu vraagt, maar ik leek er toen geen last van te hebben.

Elke ochtend voor school in de regen krantjes rondbrengen of een zomer lang met het zweet op je voorhoofd bloemen plukken: is het niet bijzonder wat je als tiener allemaal overhad voor een paar tientjes per week? Toen ik na twee maanden zomerwerk met mijn ouders naar de Spaanse kust vertrok voor een welverdiende vakantie opende ik mijn rekening en kwam ik er voor het eerst achter hoe het voelde om een bedrag met drie nullen op je rekening te hebben staan. De basis voor mijn werklustige ik was gelegd nog voordat de eerste stap naar het grotemensenleven zou beginnen: de hogeschool. Na een rondleiding en proefdag meedraaien bij de opleiding International Business and Languages was het duidelijk: dit was mijn opleiding. Ik was zestien, maar dacht mijn toekomst al vrij helder voor ogen te hebben. Het werklustige meisje dat met haar schoolrapport langs familie ging was nooit verdwenen. Tevens was dit de periode dat ik RunningLau.com begon, de website die de basis heeft gelegd voor mijn leven van vandaag. Het was het begin van vier intense, interessante jaren.

Screenshot van RunningLau.com (2014)

GIRLSWORKINGOUTMOTIVATION

Zakelijk succes is als je het mij vraagt weggelegd voor twee soorten personen: diegenen die geluk hebben en de mensen die bereid zijn er keihard voor te knokken. Om in de tweede categorie te vallen moet je óf leven voor je passie óf een extreme, bijna enge motivatie in je hebben om je doelen te behalen. Afgezien van een flinke dosis geduld. Makkelijk praten als je van teksten schrijven, foto's maken en reizen leeft, denk je misschien. Het punt is dat ik niet van de een op de andere dag kon leven van wat ik nu doe. Hieraan vooraf gaan acht jaar van vallen, opstaan en rollen zonder einde in zicht.

In 2012 was bloggen al een begrip online, maar niets in vergelijking met nu. De generatie voor mij had standaard een uitleg nodig mocht het woord blogger vallen en zelfs van mijn leeftijd waren er relatief weinig mensen ook daadwerkelijk geïnteresseerd in blogs. Toch was het, aangezien ik een groot deel van mijn dag online besteed(de), niet verrassend dat ik vroeg of laat een blog zou beginnen. Het idee ontstond op die eerdergenoemde warme nazomerdag in september en werd kort daarna werkelijkheid. Binnen een paar weken tijd had ik een Engelstalige pagina aangemaakt op het Amerikaanse bloggersplatform Tumblr onder de naam GirlsWorkingOutMotivation. Maandenlang deelde ik mijn avonturen naar een fitter, gezonder leven met iedereen die zich maar genoeg verveelde om mijn gelal aan te horen. Het was de perfecte timing met de stijgende maatschappelijke interesse in gezonder leven, superfoods en fitness voor vrouwen, dus ik groeide snel. Een jaar later realiseerde ik me dat GirlsWorkingOutMotivation misschien niet de makkelijkste manier was om bij mijn verhalen terecht te komen en kocht ik voor een paar euro de domeinnaam RunningLau.com. Het bouwen van die website deed ik stiekem vanuit mijn kleine kamertje met behulp van tutorials op YouTube. Niemand uit mijn echte leven wist op dat moment nog van mijn alter ego RunningLau af.

Maandenlang postte ik dagelijkse updates, waar ik ook was. Elke lezersvraag die binnenkwam, beantwoordde ik terwijl ik tegelijkertijd inspeelde op nieuwe trends. Van de 30-day-yogachallenge tot plank- en squatchallenges; ik heb het allemaal geprobeerd. Dat bleek al snel zijn vruchten af te werpen. Mijn publiek groeide, dus vanzelfsprekend ook het Nederlandse volgersaantal. Ik werd een enkele keer zelfs herkend tijdens het hardlopen door Purmerend! Naar mijn mening was het risico ontdekt te worden gênanter dan het zelf publiekelijk maken, dus deed ik het laatste. Tijdens de lange zomervakantie na mijn eindexamen creëerde ik een bijpassende Facebook- en Instagram-pagina inclusief foute renfoto en maakte ik bekend dat ik aan het bloggen was. Ik zakte bijna door mijn stoel van schaamte. Wat duizenden onbekenden over me te zeggen hadden, deed er minder toe dan wat een handjevol bekenden vond. Ik was zestien en een zachtgekookt ei. Het deed er verdomd veel toe wat anderen van me dachten, zelfs al was ik ervan overtuigd dat dat niet zo was. In hoofdstuk drie zul je lezen wat voor onzekerheden dat met zich meebracht. Wat had

In 2014 was ik We Own The Night-ambassadeur voor Nike, samen met blogcollega's Annemerel, Ashley en Jenny. Fotograaf: David Stegenga

ik graag mijn jongere ik in het oor gefluisterd: 'Je kunt niet door iedereen aardig gevonden worden en hoeft je niet overal voor te verantwoorden.' Steek niet te veel tijd in negatieve reacties, maar sta altijd open voor eerlijke feedback. Ondanks mijn onzekerheden bleef ik mezelf vertellen dat ik me niets moest aantrekken van de rest. Ik was ervan overtuigd dat als ik iets écht wilde, dat haalbaar was.

Die positieve mindset bleek in mijn voordeel te werken: beetje bij beetje kwamen er duizenden Nederlandse volgers bij, ook op Instagram en uiteindelijk zelfs op YouTube. Een durfal of gewoon jong en naïef, in de eerste jaren was ik niet bang van een nieuw experiment. Ik benaderde de website Girlscene met de vraag of ik voor ze mocht schrijven, vroeg Run-2Day of ik een hardloopevent in de winkel mocht organiseren en richtte zelfs een forum op, waar gelijkgestemden dilemma's en (hardloop)verhalen konden delen. Dat forum stierf na slechts twee maanden tijd uit, maar bij Girlscene had ik zowaar een tijdje een column gescoord en ook dat event werd uiteindelijk georganiseerd. Wanneer ik tegenwoordig ergens over twijfel, probeer ik terug te denken aan de eerste, zorgeloze jaren. Die onbezorgdheid en impulsiviteit heeft me veel gebracht. Welke droom zou jij achternagaan als je niet bang was geweest voor de meningen van anderen?

Mijn onbekommerdheid is niet de enige drijvende factor geweest achter die snelle groei. In mijn artikelen en op de socials was ik eerlijk en transparant, met altijd een goede dosis Amsterdamse zelfspot. In die tijd zat ik tevens in een soort uiterlijke identiteitscrisis en droeg ik flink wat make-up in combinatie met spierwit lang haar. Een soort magere versie van Miss Piggy, maar dan met nóg langere wimpers. Hardlopen was inmiddels ook een vrouwending, maar vrij weinig vrouwen blogden hierover. Je zag niet elke dag een hoogblonde en flink geplamuurde chick fanatiek aan hardlopen doen, hierover bloggen en dan ook nog eens hardop lachen en schrijven om haar eigen eiwitscheten (ja, ik heb hier echt ooit een blog aan gewijd). Achteraf gezien zijn er momenten waarvan ik denk: oei, Lau, misschien had je iets minder make-up kunnen dragen of dat ene gênante verhaal voor jezelf kunnen houden. Maar het heeft ook weer zijn charmes. Door zo jong alles online te gooien groeide ik als het ware op met mijn blog en heb ik dus al mijn gênante fases publiekelijk beleefd. Gênant of niet, het is wat vaak toch lijdt tot succes: jezelf onderscheiden van de rest, ingaan op de trends en vooral niet bang zijn om iets nieuws te proberen.

Influencermarketing heeft de hedendaagse advertentiewereld veranderd. Merken kiezen een geschikt gezicht voor hun campagne niet meer alleen om iemands looks, maar om de persoon die erachter zit. Geografische statistieken die de sociale platforms bieden, maken dat merken doelgerichter dan ooit kunnen werken. Geen wonder dat dit zo aanslaat! De lijn tussen tv-reclames en kijkers is groot en afstandelijk, terwijl een influencercampagne dichtbij en persoonlijk voelt. Ook ik leerde met de tijd dat ik geld kon verdienen met mijn socialmediakanalen. De eerste en meest toegankelijke manier? Affiliatiemarketing. Hiermee verdien je een klein percentage over de producten die via jouw persoonlijke link op je website verkocht worden. Voor de verkoper en voor jezelf zitten er vrijwel geen risico's aan verbonden: verkoop je niets dan win je niets, maar verlies je ook niets. Vervolgens zijn er de directe samenwerkingen met merken, waarbij je eenmalig of op lange termijn betaald wordt om content te maken voor dat merk op verschillende kanalen. Dit vind ik persoonlijk de leukste manier van samenwerken, omdat je vaak actief mee kunt denken met de beste marketingstrategieën voor jou en het merk. Zo heb ik bijvoorbeeld samenwerkingen gehad met Nike, KLM en Canon. Uiteindelijk kun je zelfs geld verdienen met je aanwezigheid op events of het meegaan op persreizen. Als iemand (en dan vaak de oudere generatie) mij vraagt hoe ik geld kan verdienen met wat ik doe, vergelijk ik het vaak met kranten of tijdschriften. We vinden het volkomen normaal dat er duizenden euro's worden uitgegeven aan advertenties op de televisie en billboards of in kranten en tijdschriften. Waarom wordt er nog zo neerbuigend gedaan over de online creators? Deze creatievelingen hebben hetzelfde publiek – mensen van vlees en bloed – maar dan nóg interactiever. Het klopt dat filters een onrealistisch beeld kunnen geven, maar het voelt nog steeds dichterbij dan een reclame van een model dat je niet kent.

Aan het begin van dit hoofdstuk had ik het al over je kansen vergroten. Op 27 december 2013 besloot ik mijn kansen te vergroten door de stoute schoenen aan te trekken en een berichtje te sturen naar de bloggers tegen wie ik al maandenlang op keek: Fieke & Francien. Deze meiden waren de oprichtsters van GirlsLove2Run en runden daarmee het eerste succesvolle hardloopblog specifiek gericht op vrouwen in Nederland:

Op 27 december 2013 20:21 schreef Laura Brijde
<laurabrijde@hotmail.com>:

Hoi Fieke & Francien!

Ik volg jullie al een hele tijd, volgens mij kwam dat zo via Girlscene een aantal jaar geleden, en ik ben echt gek op jullie (haha, creepy!) en jullie blog. Ik zal me even voorstellen, ik ben Laura, ook blogger.

...

Ik heb ook aardig wat Nederlandse dames als volgers, maar ook veel meiden (en jongens) van over de rest van de wereld. Het lijkt me superleuk om een keertje samen te werken, misschien dat dit zelfs in de toekomst ook met volgers uit het buitenland kan!

Je kunt mijn blog bezoeken op: runninglau.com, en mijn Tumblr-blog op www.runninglau.tumblr.com.

Het lijkt me super om van jullie te horen!

Groetjes,

Laura (Runninglau)

Het duurde negen maanden voordat ik een antwoord kreeg.

Francien Regelink <francien@girlslove2run.com>
Zo 17-8-2014 23:33

Hi Laura,

Ik zie dit bericht nu pas. Moet je kijken waar je inmiddels al staat. Supergaaf om te zien dat je zo lekker gaat. Je hebt mijn nummer dus samenwerken 9 maanden na dato kan nog steeds ;-).

Dag lief kind.

Groetjes,

Francien

In die maanden na het versturen van mijn mail had ik Francien al eens op een event ontmoet, maar haar late mailtje zorgde toch voor een moment van trots. Het idee van samenwerken was al helemaal te gek, want ideeën waren er zeker genoeg. Maar nu ik die kans voor me had, leek geen idee goed genoeg om voor te stellen aan deze twee ervaren bloggers. De tijd ging dus maar gewoon voorbij waarbij we beiden elkaar volgden, maar nooit echt contact hadden. Tot ik, bijna een jaar na het versturen van de eerste mail, wederom een berichtje van Francien ontving. Dit berichtje was in de vorm van een appje en nog leuker dan het eerste bericht.

Hi Laura, ik organiseer deze week een kerstdiner voor GirlsLove2Run en nog een paar meiden. Je bent welkom. Laat je me weten of je komt?

'Mam, Francien heeft me uitgenodigd bij haar GirlsLove2Run kerstdiner!' Gilde ik naar mijn moeder door de woonkamer bij het zien van het berichtje. Hoewel ik wist dat de meiden van GirlsLove2Run inmiddels ook van mijn bestaan afwisten (ik had haar immers bovenstaande fanmail gestuurd), had ik nooit verwacht dat ze mij zouden benaderen voor een van hun events. Dit kerstdiner was in eerste instantie voor de leden van de GirlsLove2Run-runningcrew, een groep online meiden die eens in de zoveel tijd bijeenkwamen om te eten, kletsen en hardlopen. Esmée Noëlle, destijds bekend als Work-that-Es, Danique, oprichtster van Girlscene en Claartje van Foodness waren onder anderen deel van deze groep. Ik kende niemand persoonlijk, maar volgde iedereen al lange tijd online. Vol ongeloof en enthousiasme keek ik naar het berichtje. Een kerstdiner, thema: *sneakers & dress*. De kriebels gierden door mijn buik, van enthousiasme, maar ook een beetje van angst. Ik was met mijn zeventien jaar nog een echte baby in vergelijking met deze groep stoere, volwassen meiden. Gelukkig bleken die zenuwen geheel onnodig te zijn. De avond resulteerde in veel gelach, foto's en nieuwe contacten.

Een jaar later deelde ik het podium met Francien en Annemerel tijdens de prijsuitreiking beste hardloopblogs Runner's World (2015)

In plaats van mij als concurrent te zien gaf Francien mij een kans erbij te horen. Daar ben ik haar eeuwig dankbaar voor. Hulp van en voor andere online creators of mensen uit jouw sector is cruciaal wanneer het aankomt op groei. Hoe meer je je tussen de mensen bevindt die hetzelfde doen als jij, hoe groter je kans op meer succes. Wees niet bang om elkaars krachten te bundelen. Er kunnen mooie vriendschappen uit ontstaan, of andersom: het toekomstige succes van de ander kan jou in een later stadium misschien weer helpen. Laat je ook veel zien op events en spreek af met mensen die ook creëren. Voel je als beginnende creator vooral niet beschaamd om pr-bureaus te benaderen en ze te laten weten dat je graag uitnodigingen ontvangt voor persevents. Juist in de beginfase is dit waar je het van moet hebben. Je content kan steengoed zijn, maar wat is het waard als niemand van jouw bestaan afweet? Uiteindelijk groei je door gezien te worden. Mocht je eenmaal veel bereik hebben, sta dan ook open om soms de beginners te helpen. Jij stond ook ooit in hun schoenen. Hoe fijn is het dan als een bekender of meer ervaren iemand je een duwtje in de goede richting geeft?

Met de jaren ontstond dankzij RunningLau, en vervolgens Laura Brijde, mijn eigen online brand. Een combinatie van hard werken, mislukte en gelukte uitprobeersels en veel support van medecreators heeft me gebracht waar ik vandaag sta. Het mooie van dat alles? Iedereen kan dit vanuit zijn of haar kleine zolderkamertje beginnen. Je hoeft geen BN'er of celebrity meer te zijn om een online publiek te creëren, iedereen heeft de potentie om uiteindelijk een online inspirer te worden, ook jij! Ik gebruik bewust de woorden online inspirer, want van het woord influencer ben ik geen fan. Jezelf een influencer noemen, is namelijk zeggen dat jij invloed hebt op het leven van je volgers. Dat vind ik een behoorlijk statement en iets wat jij niet zelf bepaalt, maar jouw publiek. Zie jouw rol op het internet daarom als jouw kans om zo veel mogelijk mensen te inspireren met jouw verhaal. Uiteindelijk bepalen ze zelf of dit verhaal hen laat *influencen* of niet.

De daaropvolgende vier jaar waren zware jaren die voor permanente wallen en al wat fijne rimpeltjes hier en daar zorgden. Ik probeerde op mijn opleiding zo hoog mogelijke cijfers te halen, aanwezig te zijn bij de lessen en tegelijkertijd mijn blog te laten groeien. Zo kwam ik er in augustus 2014 op de harde manier achter dat je altijd, maar dan ook altijd je website moet back-uppen. Wist ik veel! Al twee jaar was ik voluit aan het bloggen op mijn eigen gecreëerde pagina en zelf uitgekozen hosting. Niemand die mij ooit vertelde wat voor risico's eraan vastzaten, tot ik op een avond geen toegang meer kreeg tot RunningLau.com. In plaats daarvan verscheen er een 404 ERROR-code en kon ik mijn website voor geen mogelijkheid meer aan de praat krijgen. Op Google verscheen mijn pagina prompt als onbetrouwbaar en zelfs de ontelbare YouTube-tutorials en artikelen die ik had opgezocht hielpen me niet. Ik zat die nacht tot zes uur 's ochtends op de bank in de woonkamer in een poging mijn levenswerk te redden. Zonder succes zat ik twee uur later alweer met dikke ogen in de bus naar de Hogeschool van Amsterdam. Ik was al mijn artikelen van de afgelopen twee jaar kwijt en er was niets meer aan te doen. Die dag leerde ik dat je sommige dingen beter uit handen kunt geven en dat mokken en balen je alleen maar verder afleidt van je doelen. Ik realiseerde me tevens dat ik niet alleen door kon gaan zonder met een burn-out te eindigen en huurde iemand in om mijn website draaiende te houden. Weken spendeerde ik aan het terughalen van de paar artikelen die nog gered konden worden en ik maakte direct gebruik van de gelegenheid om de website te verbouwen. Binnen de kortste keren was RunningLau weer online, maar dan in een gloednieuw jasje.

Een blog, TikTok, Instagram, Facebook of YouTube: het zijn allemaal geweldige manieren om bereik mee te creëren en perfecte tools voor meer publiciteit voor je winkel of eigen merk. Wat ik je daarom wil meegeven is om niet afhankelijk te worden van één platform. Begin bijvoorbeeld naast je Instagram-account een kanaal op YouTube, een Facebook-pagina, of een eigen website. Zelfs op TikTok zijn tegenwoordig genoeg leeftijdsgenoten te vinden, wat het dus tevens een geweldige manier maakt om jezelf of je bedrijf te promoten. Hoewel mijn website de basis is geweest voor mijn online succes, heeft Instagram uiteindelijk voor een stabiel inkomstenmodel gezorgd. Met de jaren is mijn blog steeds inactiever geworden, maar dankzij het hebben van een website met goede SEO (zoekmachineoptimalisatie) krijg ik nog steeds een mooi aantal maandelijkse bezoekers op oude artikelen. Dit betekent echt niet dat je op elk bestaand platform actief hoeft te zijn, maar door je content te verdelen over verschillende platformen blijf je meerdere doelgroepen aanspreken en is de kans op nieuw publiek groter.

Mijn online avontuur is zeker niet altijd een steile lijn omhoog geweest. Begin 2016, kort voordat ik de switch van RunningLau naar gewoon Laura Brijde maakte, merkte ik een opmerkelijk verschil in volgersaantallen. Hier heb ik een lange tijd mee geworsteld, want hoe kon het zijn dat ik met dezelfde aanpak niet meer groeide? Ik deelde nog steeds dagelijks foto's van mijn avonturen en progressies, maar kreeg er niet dezelfde respons voor terug. Zelfs mijn poging om bewust mooiere content voor Instagram te schieten en verdeeld over de week te plaatsen, werkte niet. Maar ik bleek de enige niet te zijn. 2016 was het jaar dat Instagram het algoritme introduceerde. De komst van dit algoritme zorgde ervoor dat de foto's niet meer op chronologische volgorde in de tijdlijnen te zien zijn. In plaats daarvan baseert Instagram de tijdlijn op foto's waarvan ze denken dat de gebruiker ze leuk zal vinden. Een paar jaar later is dit nog steeds hoe Instagram en inmiddels ook andere socialmediakanalen werken. De link met het algoritme kon ik in het begin niet direct leggen, maar al snel werd duidelijk dat er wel degelijk een connectie was. Dit in combinatie met een snelgroeiend aantal online creators maakte dat er geen ontkomen meer aan was: ik moest meer mijn best gaan doen om in de smaak te vallen bij een nieuw publiek. Als gevolg heb ik twee jaar in een fase gezeten waarbij ik niet goed wist waar ik nou precies naartoe wilde met mijn socialmediakanalen. Dat was te zien. De overgang van RunningLau.com naar LauraBrijde.com was daar onder andere een gevolg van. Die periode kwam er alles voorbij: van gymfoto's en hardloopwedstrijden, tot outfitfoto's en meer lifestyle gerichte content. Waar werd ik gelukkig van, maar ook: wat wilden mijn volgers zien? Niets leek meer écht te werken. Ik begrijp dus als geen ander dat het uitermate frustrerend is als je weken, maanden en soms jarenlang liefde en tijd in jouw content stopt maar je er weinig tot niets voor terugkrijgt. Het was een dubbel gevoel. Ik wilde inspelen op Instagram en het algoritme begrijpen, maar hoe meer ik dat leek te doen, hoe minder interactie en volgers ik ervoor terug kreeg.

In die twee jaar heb ik alle (legale) trucjes geprobeerd om het algoritme in mijn voordeel te laten werken, van dertig hashtags per foto tot reageren op de reacties binnen de eerste minuten na plaatsing en zo kan ik nog wel even doorgaan. Achteraf gezien was dit pure tijdsverspilling. Het algoritme is gemaakt om de gebruikservaring vriendelijker te maken en is dus echt gebaseerd op wat jouw volgers graag zien. Liket iemand een tijd jouw foto's niet, dan is diegene blijkbaar niet zo geïnteresseerd als je misschien had gehoopt. Online is helaas een hoop bullshit te vinden wanneer het aankomt op wat het beste zou werken. Daarom besloot ik het direct aan het team van Instagram zelf te vragen. *Lucky me*, kreeg ik die kans op een officieel Facebook-event eerder dit jaar. Wat werkt anno 2020? Samenvattend komt het neer op veel interactie en nóg meer echtheid:

- Plaats minstens om de dag een mix van foto's en video's. Je feed is de plek waar je kans hebt op groei. Is je foto of video namelijk succesvol, dan belandt deze op de *explore*-pagina. Het is de meest effectieve plek om ontdekt te worden door nieuwe mensen.
- Plaats je foto's verticaal. Onze schermen worden steeds groter, dus we zien jouw mooie foto's ook graag zo scherp en groot mogelijk (vierkant is zó 2012).
- Voeg *geotags* toe aan je foto's. Geotags zijn een mooie manier om gevonden te worden door mensen die op een bepaalde locatie zoeken.
- Gebruik niet meer dan nul tot vier hashtags. Hashtags doen anno 2020 niet veel meer voor je bereik, aangezien de populairste hash-

tags miljoenen resultaten hebben.

- Wees actief in de reacties. Interactie wordt beloond.
- Gebruik IGTV-previews voor meer IGTV-weergaven.
- Wees transparant wanneer het aankomt op samenwerkingen. Stiekem die ene tas extra veel in beeld brengen terwijl je er betaald voor krijgt, is niet tof. Volgers waarderen eerlijkheid.
- Plaats ongeveer vijf tot acht Instagram-story's per ervaring. Veel volgers haken bij acht stories af en swipen door naar het verhaal van de volgende Instagram-gebruiker.
- Maak gebruik van de interactieve stickers, je eigen AR-filters en plaats je story's door naar een highlight op je profiel.
- Deel fancontent. Repost de verhalen waar je in getagd wordt. Dit stimuleert andere fans om ook te delen.
- Ga eens per week live en kondig dit ook van tevoren aan. Interactie, interactie en nog meer interactie.
- Wees consistent en origineel.

Het blijft een constante zoektocht naar de juiste balans. Te veel publicaties kunnen mensen gaan irriteren en leiden tot verlies van volgers, te weinig content kan juist weer het algoritme nog meer in de war gooien. Genoeg posts zonder toegevoegde waarde kunnen ook leiden tot volgerverlies. Blijf daarom experimenteren en kijk wat bij jouw doelgroep past. Een oudere doelgroep voelt zich misschien al snel overweldigd door veel posts, terwijl de jongere generatie de hele dag door op apps doorbrengt en meer uploads juist zal waarderen.

Bovenstaande acties zijn allemaal een belangrijk deel van online (Instagram-)succes. Maar ik durf te zeggen dat de druppel die de emmer deed overlopen, dat wat ervoor gezorgd heeft dat ik weer ben gaan groeien, met iets veel simpelers te maken heeft gehad.

In 2018 vond ik dat er een eind moest komen aan mijn online identiteitscrisis en besloot ik eens kritisch te kijken naar wat ik precies aan het doen was. Het is niet alleen makkelijk, maar zelfs verleidelijk om door te gaan met wat je doet als dat naar omstandigheden goed gaat. Maar goed staat niet gelijk aan groei. Ik besloot daarom op een regenachtige zondag mijn volgerslijst erbij te pakken en alleen accounts te noteren waar ik blij van werd. Oprecht blij. Welke accounts klikte ik direct aan als ik een nieuwe Instagram-story zag? Bij wie nam ik de tijd om de tekst te lezen? Van de honderden accounts kon ik ze slechts op één hand tellen, maar het werd me al snel duidelijk dat de accounts in mijn favorietenlijstje wat met elkaar gemeen hadden: geen overkill aan publicaties, maar wel authentieke en originele teksten en mooie, spontane foto's.

Deze accounts plaatsten niet dagelijks nieuwe foto's, maar om de dag of minder vaak. Instagram raadt aan om zoveel mogelijk te plaatsen voor groeimogelijkheden, maar dat heeft soms het tegenovergestelde effect. Het feit dat ze niet elke dag in mijn tijdlijn omhoogkwamen, maakte namelijk dat ik juist meer uitkeek naar een post. Er zijn accounts die zoveel posten dat ik geneigd ben om op de ontvolgknop te drukken. Vervolgens zijn de teksten van deze accounts authentiek en origineel. Meestal zijn het oprechte gedachtes of grappige anekdotes. Instagram-pagina's met standaard *Live, Love, Laugh*-quotes doen me niet veel. Ik ontdekte ook al snel dat ik mooie foto's met een fijne compositie tof vond, maar het moest er ook weer niet te perfect uitzien. Iemand met oog voor stijl, fashion en goede hoeken, maar de situatie moest niet te veel in scène gezet zijn.

Dit was een eyeopener voor mij. Ik had heel duidelijk voor ogen wat ik wel en niet fijn vond, maar wat ik zelf deed was compleet het tegenovergestelde! Ik schreef weinig tot geen diepgaande teksten, had ingeplande foto's en uploadde dagelijks foto's zonder echte boodschap omdat dat goed zou zijn voor het algoritme. Ik deed zelf dus precies wat ik niet fijn vond om te volgen, en had het niet eens door. Door een moment stil te staan bij wat ik fijn vind als persoon werd me ineens duidelijk wat ik graag wil uitstralen en delen. Het was wat ik nodig had om weer te groeien, en met succes.

Na twee jaar stilstand te hebben kwam mijn interactie terug. De likes werden er meer, mijn inbox stroomde vol en zelfs het volgeraantal ging omhoog. Mocht je al een tijdje stilstaan of überhaupt niet weten waar je moet beginnen, kijk dan eens kritisch naar wat jij fijn vindt bij een ander. Het zegt meer over jezelf dan je zou denken. Ik plaats nu bijna altijd foto's die op de dag zelf zijn gemaakt en alleen als ik echt iets wil delen. Ook heb ik ervaren dat een maand lang dagelijks vloggen op Bali om de maand erop de video's dag voor dag te plaatsen, niet werkt. Of althans, niet zo goed als dat je ze op het moment zelf had geplaatst. Mensen houden van actueel nieuws. Ze willen maar al te graag weten wat jij op dit exacte moment doet. Hele Instagram-shoots tijdens je vakantie in Rome zijn leuk, maar zodra je na drie maanden nog doorgaat met diezelfde foto's worden mensen er algauw moe van. Al helemaal als ze door andere socialmedia-accounts weten dat jij daar allang niet meer zit. Het is een uitdaging om continu up-to-date content te maken, maar daar zijn we creators voor, toch?

Schrijf voor jezelf op wie je bent en wat je wilt uitstralen. Op momenten zonder inspiratie of van veel kritiek pak je dit er weer bij om dicht bij jezelf te blijven. Er zijn ontelbaar veel accounts te vinden op internet, maar van jou als persoon is er maar één en jouw persoonlijkheid is dus wat jouw account kan onderscheiden van de rest. Deel daar dus ook meer van! Kijkers wachten niet op een vage quote met standaardpose, ze wachten op jou. Na een paar video's blijkt bijvoorbeeld al snel dat ik positief, impulsief en een enorme klungel ben. Ook in mijn teksten komt dit vaak naar voren. Het maakt dat iemand een video kan luisteren of een tekst kan lezen en zonder mij te zien al weet dat ik het ben. Je hoeft geen uitbundige grappenmaker te zijn of een apart talent te hebben. Enthousiasme en oprechtheid, of juist bescheidenheid en een serieuze schrijfstaal kunnen ook fascineren. Of je nu attent of impulsief bent, terughoudend of uitbundig: iedereen inspireert op zijn of haar eigen manier. En zelfs al heb je momenteel maar één volger, realiseer je hoe tof het überhaupt is dat iemand je wil volgen. Je volgers zijn je vrienden. Zorg goed voor ze.

LEGALLY ILLUSION

In het vierde jaar van mijn studie International Business and Languages was ik op zoek naar een stage. Ik had mijn blog ondertussen vier jaar en verdiende al redelijk wat dankzij de samenwerkingen, voornamelijk met sportmerken. Toch was mijn blog nog steeds niet de baan die ik voor mezelf in gedachten had. Mijn ultieme droom was werken bij het Europese hoofdkwartier van Nike in Hilversum en dus was dit het eerste bedrijf dat ik met trots aanschreef voor mijn stage. Daarna volgden de hipste sportgerelateerde bedrijven die maar in me opkwamen. Maar van Nike kreeg ik nooit meer een antwoord en de meeste bedrijven boden geen tot bijna geen inkomen aan voor een stagiaire. Gratis werk verrichten zag ik niet zitten, al helemaal niet als dat niet bij Nike zou zijn. Een gewaagde gedachte, maar wie niet waagt, die niet wint.

Het werd me in datzelfde jaar nogmaals duidelijk hoe belangrijk het hebben van de juiste connecties is. Dankzij mijn blog had ik inmiddels al veel bekende gezichten uit het online wereldje in mijn netwerk. Via Instagram belandde ik bij een toen nog kleine start-up uit de fitnesswereld genaamd Changing Life, die op dat moment een enorme groei aan het doormaken was. Binnen een paar jaar had het bedrijf de omzet verdubbeld en ging het van een klein pandje in Amsterdam-Oost naar een enorm kantoor in het opkomende, hippe Noord. Ik maakte die verhuizing van binnenuit mee. Er werd me een fulltimefunctie aangeboden in het contentteam en voor ik het wist was ik met mijn negentien jaar contentmanager. Het was een onrealistische periode waarin ik naast veel slimme keuzes ook veel domme uitgaven heb gedaan (was dat churroapparaat echt nodig?). Als ik tijdens mijn studie mijn droombaan voorstelde, zag ik mezelf vaak in mantelpakje en al als een *legally blonde* de belangrijkste zaken oplossen. Toen ik daadwerkelijk een goede, fijne kantoorbaan had bemachtigd, zag dat er net even iets anders uit. In plaats daarvan zat ik namelijk elke ochtend om iets na 06.00 uur in een overvolle bus met mensen die regelrecht uit de cast van *The Walking Dead* gekropen leken te zijn (en ik die op een naakte molrat leek). Het kantoorleven had absoluut veel uitdagende aspecten en heel leuke kanten, maar na een halfjaar kwam ik erachter dat dit toch niet was waar mijn hart lag. Ik ben nog altijd dankbaar voor het geloof in mij en heb veel waardevolle dingen geleerd in die korte tijd dat ik daar werkte, maar mijn concentratiemomenten kwamen op de gekste tijdstippen en ik had zo veel ideeën waar ik zelf mee aan de slag wilde gaan. In maart 2017 zei ik daarom vaarwel tegen het kantoorleven en sindsdien is dat niet meer veranderd. Mijn kantoor bestaat tegenwoordig uit de bank in mijn woonkamer, willekeurige schattige en instagrammable koffietentjes, mijn bed, een vieze vloer en het ongemakkelijke vliegtuigstoeltje waarin ik momenteel schrijf. Niet echt dat mantelpakje waar ik over droomde, maar een enorm fijn gevoel van vrijheid dat ik nooit meer zou willen opgeven.

Met dit verhaal hoop ik je aan te sporen om je dromen na te jagen. En dan bedoel ik geen oppervlakkige, vage dromen, zoals mijn legallyblondedroom. Nee, ik heb het over dromen die van binnenuit komen. Die je al een leven lang diep in je hebt zitten, die je met een warm gevoel overvallen als je eraan denkt. Jarenlang was ik in de veronderstelling dat ik een hoge functie voor een belangrijk bedrijf ambieerde. Achteraf was ik meer verliefd op het totaalplaatje daarvan, dan op overwerkuren en kantoordagen die hierbij komen kijken. Het is belangrijk om je te realiseren dat dromen niet alleen bestaan uit een einddoel. Het is het complete plaatje. Wil je een dik salaris of veel vrije tijd als zelfstandig ondernemer, dan moet je daarvoor vaak eerst door maanden vol financiële onzekerheid en overuren. Wil je rust en stabiliteit, dan kan een vaste parttimebaan met minder risico's je daar misschien bij helpen. Ook geldt: mocht je niet blij zijn waar je nu zit, het is nooit te laat voor een verandering. Word je keer op keer teleurgesteld in de sector waar je werkt? Lijk je ondanks je mooie diploma en papieren je maar niet gelukkig te voelen? Maak dan dat je wegkomt! 'Ik heb X en Y gestudeerd, ik moet dus wel in die sector kijken,' is wat mij betreft onzin. Voel jij je diepongelukkig op je werk, dan moet je jouw geluk dus ergens anders zoeken. Je hebt het over een leven lang werken. Zelfs al vergt het een nieuwe studie en jaren van sparen en studeren, dat is het wat mij betreft meer dan waard.

MULTI-WAT?

Tot niet zo lang geleden schoot ik altijd lichtelijk in paniek als ik de vraag kreeg: 'Wat doe je eigenlijk voor werk?' Wat zou ik deze keer vertellen? Wist ik dat de kans klein was dat ik die persoon opnieuw zou zien, dan floepte ik er altijd één specifiek ding uit. En dat doe ik nog steeds. 'Blogger,' zeg ik dan. 'Ja, echt, dat is een baan.' Zodra ik aan voel komen dat ik een hele uitleg op de vraag 'O ja, verdien je daar nou echt wat mee?' moet geven, dan zeg ik kort maar krachtig dat ik artikelen schrijf, voor een website. Zo, punt uit. Hoef ik ook niet uit te leggen dat online werken niet per se betekent dat ik leef van duckfaceselfies en pikante poses. Toch zette het me altijd aan het denken. Want tsja, wat doe ik nou eigenlijk? Ik had al zeven jaar een blog, vijf jaar een YouTube-kanaal, een actief Instagram-account, schreef een boek, ik deed presenteerklussen én werkte als SEO-specialist voor een Spaans bedrijf. Niet omdat ik niet genoeg zou kunnen verdienen met een van deze banen alleen, maar omdat ik de prikkels van verschillende banen nodig had om gemotiveerd te blijven. Daardoor raakte ik nergens echt op uitgekeken.

En toch zorgde het voor een onzeker, akelig gevoel. Want als ik al deze dingen deed, van alles een beetje, was ik dan wel ergens écht goed in? Misschien heb ik wel een concentratieprobleem, is wel eens door mijn hoofd gegaan. Ik deed dan online tests om te kijken of ik ADD zou hebben of iets wat erop leek. Daar kwamen nooit resultaten uit, maar toch liet het me met een onrustig gevoel achter. Waarom kon ik niet gewoon op één bepaalde richting focussen? Dan zou ik ook niet zo van de hak op de tak springen qua banen én qua content. Wat zou het heerlijk zijn om te kunnen zeggen: ik ben marketeer. Of presentatrice. Punt uit, geen discussie over mogelijk.

En toen wees een vriendin me op het begrip *multipotentialisme*. Mijn wereld stond op zijn kop toen ik erachter kwam dat er meer mensen zoals ik zijn. Wat bleek, er zijn er zelfs heel veel, vandaar dat ik je dit niet wil onthouden. Wellicht herken je je in mijn punten en zorgt het voor net zo'n opluchting als bij mij. Een multipotentialite is het tegenovergestelde van een specialist. In andere woorden, een persoon met veel verschillende interesses en creatieve bezigheden. Iemand die leergierig is, zich altijd 100 procent voor iets inzet en snel verveeld raakt als er te veel routine in het werk komt. Iemand die zich niet met één beroep of roeping kan identificeren – en ze komen in alle maten en vormen. Misschien uit jouw multipotentialisme zich in het hebben van meerdere banen tegelijk, zoals bij mij. Ook kan het zijn dat je je een tijd lang ergens helemaal op stort en vervolgens weer aan totaal iets anders begint, zoals ik met sporten ervaar. Emilie Wapnick omschrijft in haar boek *How to Be Everything* (2017) een multipotentialist als volgt:

- Je hebt meerdere interessegebieden.
- Je bent nieuwsgierig van aard.

- Je ontwikkelt graag nieuwe vaardigheden.
- Je hebt een probleemoplossend vermogen.
- Je bent creatief.

In het dagelijks leven kan het lijken alsof er geen ruimte is voor multipotentialisten. Zo kijken we op tegen iemand die al een leven lang roept arts te willen worden en dat ook uiteindelijk wordt. Daarentegen vinden we het opeens onrealistisch of gek als iemand arts, kunstenaar én professioneel hardloper wil worden. Op de middelbare school wordt het er al vroeg in gestampt dat we iets moeten vinden wat bij ons past. Betekent dit dat wij multipotentialisten niets toe te voegen hebben aan de maatschappij? Integendeel. Het kan zelfs in je voordeel werken. Zo ben je over het algemeen goed in leren, omdat je elke keer dat je je ergens op stort nieuwe dingen moeten leren. Je bent gewend aan het beginnersgevoel dat elke uitdaging met zich meebrengt. Je bent daarom een expert in je aanpassen in onzekere situaties, iets wat in deze groeiende en innoverende economie alleen maar van pas komt. Brainstormen gaat je goed af en door alle verschillende situaties en ervaringen die je hebt meegemaakt, kun je makkelijk contact maken en je inleven in anderen.

Ben je geneigd snel verveeld te raken en na korte tijd alweer op zoek te zijn naar iets nieuws? Ga dan op zoek naar een baan met veel variatie. Zelfstandig ondernemer worden is voor veel multipotentialites een uitkomst, omdat je op die manier zelf je tijd en energie kunt indelen. Jij kiest wat je doet, en dat kan dus ook betekenen dat je een online breiwinkel met op maat gemaakte bodybuildingschema's combineert.

Lange tijd probeerde ik zo'n beetje alle sporten die er bestaan uit, om maar telkens weer van sport te veranderen. Tot ik bij het hardlopen aankwam. Ik ben van mening dat multipotentialisme een geweldige eigenschap is, maar ook dat het hebben van één of twee dingen waar je focus ligt heel waardevol kunnen zijn. Ook al is het lastig, je kunt jezelf trainen om gedisciplineerd te blijven. Zo houd ik het hardlopen al zeven jaar vol. Denk maar niet dat ik al zeven jaar op het puntje van mijn stoel zit om mijn hardloopschoenen aan te trekken. Het kostte en kost me zo nu en dan nog steeds een flinke dosis aan discipline om de hardloopschoenen aan te trekken, en toch doe ik het. Het geeft rust en orde om je ergens aan vast te kunnen houden, zonder er helemaal in op te hoeven gaan. *Try it.*

ADEMNOOD, WANT DE KANS IS GROOT...

Een kantoorbaan, thuiswerken of als *digital nomad* de wereld over. Met zo veel verschillende soorten banen op de arbeidsmarkt zou je denken dat er voor ieder wel wat wils is. Onze sterke ambitie biedt ons meer kansen dan we ooit hebben gehad, maar het grote aanbod aan mogelijkheden heeft helaas ook zo zijn keerpunten. Burn-outs, hartkloppingen en slapeloosheid zijn klachten waar niemand meer van opkijkt. We zien door de banen de arbeidsmarkt niet meer. Het hebben van een doorsneekantoorbaan is als je de media moet geloven erger dan het hebben van geen baan, want in het laatste geval ben je tenminste nog opzoek naar iets wat je gelukkig maakt. Ja, wij millennials willen ons alsmaar gelukkig voelen en aangezien onze baan een groot dagdeel inneemt, willen we ons logischerwijs ook fijn voelen op het werk. Is dat een onrealistisch streven? Nee. Maar de manier waarop is dat misschien wel. We willen namelijk niet alleen een baan die ons lachend uit ons bed laat springen om 07.00 uur op maandagmorgen, maar ook een baan die voldoening geeft. Daarnaast moeten er genoeg uitdagingen zijn om op zowel persoonlijk als zakelijk vlak onszelf te ontwikkelen. We willen dat onze baan een steentje bijdraagt aan een betere maatschappij. En, alsof het niets is, moet deze baan ook nog genoeg op de bankrekening opleveren om al onze ontelbare #wanderlustreisjes te financieren! Krijg jij ook al ademnood als je aan al deze eisen denkt? Het is logisch dat deze ideeën voortkomen uit meer vrijheid en mogelijkheden, maar hoeveel vrijheid heb je in werkelijkheid als je aan al deze ideale standaarden moet voldoen? Hoe vertel je de bank dat je de komende maanden even geen hypotheek kan betalen, omdat je je passie aan het uitvogelen bent? Hoe instagrammable is je leven nog als je de huur niet meer kunt betalen om vervolgens weer bij je ouders in te trekken?

We worden door de maatschappij continu gestimuleerd om onze dromen na te jagen, maar tegelijkertijd worden onze lasten alleen maar hoger. Bergen studieschuld voordat je überhaupt om het hoekje gekeken hebt op de arbeidsmarkt. Meer kans op een winnend lot uit de loterij dan op een appartement in Amsterdam. Bedrijven die jaren ervaring vragen, maar wel de jongste guppy's uit de markt vissen. En ondertussen op social media zien dat de 567 mensen die je volgt het allemaal beter voor elkaar hebben dan jij. Millennials worden nog steeds gezien als een luie generatie, maar ik ben ervan overtuigd dat we allesbehalve dat zijn. Velen van ons zijn gedisciplineerd, gemotiveerd, hoogopgeleid, spiritueel en niet bang voor een uitdaging. Maar daarnaast zijn we ook maar gewoon mensen. Net zoals de vorige generatie, net zoals de volgende generatie. Het 'probleem' zit hem dan ook niet in onze instelling – motivatie hebben we in overvloed – maar in de verwachtingen die er van ons zijn. Met alle mogelijkheden die we hebben, wordt er standaard van uitgegaan dat we ze ook allemaal aanpakken en non-stop doorgaan. We knokken door om onszelf te bewijzen, om onze voorgaande generaties te bewijzen, zo erg dat we soms onze eigen grenzen over gaan.

Ik denk dat het niet altijd meer, beter of groter moet. Echt niet. Je hoeft geen succesvolle vlogger of motivational speaker die de wereld over reist te zijn om geluk in je werk te vinden. Wat als je beseft dat een succesvolle carrière hem niet zit in het werk zelf, maar in jouw definitie van geluk?

OOK DAT IS GELUK

Ik geloof er sterk in dat je werk niet per se je passie hoeft te zijn, in tegenstelling tot wat overal wordt verkondigd. Althans, niet op de manier waarop het woord passie vaak gebruikt wordt. Onze passies worden meestal direct gelinkt aan onze hobby's. Dit is als je het mij vraagt een misvatting: hobby's zijn functioneel, ze zijn er om ons te helpen ontspannen. Zodra deze hobby's verantwoordelijk worden voor ons (hoofd)inkomen, komt er automatisch druk op te liggen. Het haalt de ontspannenheid eraf en kan er zelfs voor zorgen dat de lol ervanaf gaat, wat het dus in feite geen hobby meer maakt. Het begrip passie is zoveel breder. Het uiteindelijke doel van je passie in je baan veranderen is namelijk gelukkig zijn, maar wat geluk inhoudt, dat verschilt voor iedereen.

Op Instagram zien we veelal de avonturiers en adrenalinezoekers. Dat is tof, maar er zijn ook veel mensen die zich hechten aan vastigheid, een routine, misschien een baan met relatief weinig stress. We zijn niet allemaal gemaakt voor een wild en onstabiel leven. Evenmin wordt niet iedereen happy van slapen in bamboehutjes op Bali (kuch, Tony, kuch) en als een tweede Columbus nieuwe landen en landschappen ontdekken. Misschien is jouw hobby tekenen, maar blijf je dit graag als hobby doen. Niet iedereen heeft de ambitie een bedrijf op te zetten (met de nodige verantwoordelijkheden en stress die hierbij komen kijken) en dit fulltime te gaan doen – ook dat is oké. In dat geval kunnen een fijne werkomgeving, leuke collega's en een haalbare werkdruk genoeg zijn om voor jou rust te creëren en je uiteindelijk het gelukkigst te voelen.

Daarbij komt dat niet iedereen de kans krijgt om van zijn échte passie zijn werk te maken. Zo zijn er ontelbaar veel studenten aan de Herman Brood Academie met passie voor muziek maken, maar slechts een klein percentage kan hier uiteindelijk echt van leven. Zeggen dat je alles kunt bereiken als je er maar hard genoeg voor werkt, vind ik daarom een belediging voor de mensen die er een leven lang keihard voor knokken maar er toch niet komen. Geluk speelt altijd in zekere mate een rol, dat moeten we niet vergeten. Ik zeg zeker niet dat je je passie moet opgeven. Hoe meer je ervoor knokt, hoe meer je je kansen vergroot. Maar blijf een realistische, positieve kijk houden op jouw situatie en kom erachter wat geluk voor jou precies betekent. Analyseer de mogelijkheden die je hebt – het is al zo veel waard om te kijken wat er binnen handbereik ligt. Als jouw passie wielrennen is, droom je wellicht van een carrière als Tour de France-koploper. Maar wat nou als je hoe hard je ook traint, nooit een echte prof zou kunnen worden? Je kunt dan balen, je hobby opgeven, er niet meer aan terugdenken en ongewild ander werk zoeken. Zonde, niet? Je kunt ook een baan zoeken die je toch dagelijks met je hobby in contact brengt (lees: sportredacteur, verslaggever) of ervoor zorgen dat je die gewone, niet-wielrengerelateerde baan behoudt, die je wel de financiële vrijheid geeft om zoveel als je kunt eropuit te trekken en te wielrennen. Ook dat is geluk. Denk in oplossingen en mogelijkheden. Het een is niet beter dan het ander, het een past wel beter bij jou dan het ander.

IK BESLOOT HET TE DOEN

Mijn carrière nam een nieuwe wending aan toen ik na zeven jaar in mei 2019 een contract ondertekende bij Talpa Social. Ik sprong in het diepe en nam na veel wikken en wegen een contract in ontvangst dat pure exclusiviteit inhield. Dit betekende dat ik na al die jaren als vrije zzp'er ineens gebonden was aan een agentschap en niet meer geld zou kunnen verdienen met mijn opdrachten achter de rug van mijn agentschap om.

Het werd me afgeraden door vriendinnen, collega's en zelfs mijn ouders vroegen zich hardop af of dit wel een goed idee was. Want het gaat nu goed. Waarom zou je je vrijheid op het spel zetten? Ik daarentegen voelde een kans liggen. Het klopte dat het al jaren goed ging, maar over veel groei viel niet te spreken. Dit bedrijf had een naam, een status. Ze hadden mij nieuwe kennis te bieden en niet geheel onbelangrijk: connecties. Ik voelde dat dit me wel eens veel goeds kon brengen. Ik besloot het te doen.

Soms moet je in het diepe springen en naar je onderbuikgevoel luisteren. Mijn beslissing om mijn vrijheid in te leveren had verkeerd uit kunnen pakken, maar resulteerde in een succes. Ik haal meer opdrachten binnen waar ik meer geld mee verdien en kan het onderhandelen in handen van mijn manager leggen. Had het ook anders kunnen lopen? Ja. Maar zelfs al gaat het dan uiteindelijk niet zoals gepland, het is nog altijd fijner te weten dat je het geprobeerd hebt dan wanneer je je een leven lang afvraagt wat er was gebeurd als je het wel had gedaan. In sommige keuzes zit geen goed of fout, maar een succes of leerzame ervaring. Maar hoe? Hoe leer je naar je gevoel te luisteren? Hoe leer je stappen te durven zetten?

Jarenlang heb ik de stempel asportief op mijn voorhoofd geplakt. Ik had in tegenstelling tot vriendinnen geen sport die ik leuk vond en ging er dus automatisch van uit dat er niets zou zijn wat ik leuk zou vinden. Mijn omgeving ging van hetzelfde uit, zei dat ook grappend hardop, en dus accepteerde ik dit als de werkelijkheid. Net zoals dat ik accepteerde geen stijl te hebben, omdat ik nooit de hipste en duurste kleding uit mijn vriendinnengroepje had. Tekenen liet ik eveneens achterwege in het tweede jaar van de middelbare school. Het was het liefste wat ik deed, de vijfhonderd pagina's aan tekeningen liegen er niet om. En toch besloot ik een van mijn grootste hobby's op te geven omdat ik ervan overtuigd was dat het niet cool genoeg was. Dit ging jaren zo door. Ik was niet ongelukkig, allesbehalve, maar terugkijkend op die tijd was dit misschien niet helemaal wie ik was.

Het was pas het moment dat ik weggetrokken werd uit die verdraaide werkelijkheid en voor mijn studie een halfjaar in Spanje verbleef, dat ik mezelf beter begon te begrijpen. Daar werd ik niet omringd met dezelfde mensen en omgeving. Dit waren overigens geweldige mensen en het was een fijne omgeving, maar het maakte dat ik nooit buiten mijn comfortzone keek noch stapte. Het semester in het buitenland was als een nieuwe start, een leeg blad van een hoofdstuk dat ik zelf mocht invullen. Het was daar dat ik besloot dat ik niet in strakke kleding of met enorme nepwimpers hoefde te lopen om mooi te zijn. Het was toen dat ik niet alléén over hardlopen en fitness hoefde te schrijven, om gehoord te worden. Het was dat moment dat ik besefte dat datgeen waar ik goed in was, dat wat mij blij maakte, al die tijd al zo voor de hand had gelegen. Nou hoef je niet naar Spanje te vertrekken om erachter te komen wat het is dat je daadwerkelijk wilt, maar een tijdje uit je dagelijkse sleur stappen, kan ervoor zorgen dat je jouw situatie meer gaat begrijpen. Door van een afstandje naar je huidige leven te kijken, kan alles zomaar ineens op zijn plek vallen. Jezelf kennen is je gelukkig voelen, al helemaal op carrièregebied. Weet je wat je wilt, dan kun je jouw omgeving daarop aanpassen. Je realiseert je misschien dat je totaal niet op je plek zit, of andersom: je wordt extra dankbaar voor dat wat je hebt en ziet nu ineens in hoe graag dit is wat je wilt. Heb je er nog moeite mee? Duik dan eens terug naar je kindertijd. Wat vond je leuk en kon je uren onafgebroken doen? Kijk vervolgens naar nu. Wat kan je urenlang doen zonder verstoord te worden? Wat maakt dat je de tijd vergeet, een lach op je gezicht krijgt? Link de uitkomsten van bovenstaande vragen nu eens aan een bestaand beroep. Misschien ben je wel een heel makkelijke prater en kom je graag onder de mensen (sales, pr?) of ben jij altijd degene op wie je familie afstapt met computerproblemen (ICT?). Komt er nog niets uit, kijk dan eens naar wat jij kunt bieden dat anderen niet hebben of kunnen. Hoe kan jij iemands leven net even iets leuker, makkelijker of fijner maken? Onthoud: we zijn millennials! Bestaat jouw perfecte baan niet, dan creëer je hem toch lekker zelf ☺. Organiseren, programmeren, sporten, zorgzaam zijn, netwerken, koken, analytisch denken – gaan we een beetje met de definitie 'passie' spelen, dan kunnen er ineens heel mooie dingen uit opbloeien. Kijk verder dan je dagelijkse hobby's en zie je passie eerder als een spiegelbeeld van je persoonlijkheid.

De droom van manager voor een groot internationaal bedrijf werd ingeruild voor die van fulltime-zzp'er, zonder mantelpakje, zonder dik salaris. Een baan met een stuk minder aanzien (daar komen we weer bij de 'Verdien je daar nou echt geld mee?'-vraag), maar dat maakt(e) mij geen donder uit. Ik wist nu dat geluk voor mij niet zat in een hoge functie met veel verantwoordelijkheden; daar ben ik veel te gevoelig voor. Nee, ik ben veel meer waard als ik zelf aan de slag kan en mij niet constant hoef te verantwoorden. Ik nam het onzekere voor lief en wist dat ik er, mocht ik er maar genoeg tijd in stoppen, een kans van slagen zou zijn. Ineens durfde ik voluit de creatieve, energieke Lau te zijn die ik altijd al was geweest. En dat gun ik iedereen.

HET IS GENOEG

Het leven hoeft geen constante strijd naar meer, beter en groter te zijn. Al helemaal niet omdat het altijd de mensen met zo'n wild leven zijn die het je vertellen. Ik vlieg van hot naar her en verdien mijn brood met iets wat ik enorm leuk vind. Het past bij mijn drukke, impulsieve ik. Maar het betekent ook constante onzekerheden, druk en werk dat nooit ophoudt. Ik ben bereid dit stukje van mijn werk te nemen voor wat het is, maar ik ben misschien wel de eerste instagrammer die jou vertelt dat ik ook helemaal begrijp hoe heerlijk een iets stabieler leven kan zijn. Al helemaal als dit bij jouw persoonlijkheid past. Voel jij je fijn bij het leven dat je leidt, maar brengt de online wereld je soms aan het twijfelen? Laat je dan niet gek maken. Ga na waar jouw prioriteiten liggen, waar jíj uiteindelijk het lekkerst van kunt slapen 's nachts. Voel je je daarentegen gemotiveerd om alles op alles te zetten en die uitdagende carrière na te jagen? *Go for it* en laat niemand je tegenhouden. Ik sta 100 procent achter je.

Wat je ook doet: laat je leiden door een intrinsieke motivatie, niet door externe invloeden.

2

#COUPLEGOALS

Van kleins af aan komt het perfecte plaatje voorbij. Als ukkie fantaseer je al over de prins(es) op het witte paard en kun je niet wachten om je in zo'n gepofte gele baljurk te wringen en jouw beast te vinden. Op tv, in tijdschriften en met een beetje geluk zie je het bij je eigen ouders terug: liefde maakt een mens gelukkig. Niet zo gek ook dat ik er als kind van uitging dat liefde vanzelfsprekend was. Jarenlang leefde ik in de veronderstelling dat ik op een dag zomaar, spontaan, de liefde van mijn leven tegen het lijf zou lopen. Met vuurwerk op de achtergrond zouden we liefde op het eerste gezicht ervaren en elkaar in de armen vliegen.

Maar hoe ouder je wordt, hoe onmogelijker het soms lijkt te zijn. Herkenbaar? Ik zit nog volop in de zoektocht naar wát liefde nou precies inhoudt, wat mijn verwachtingen zijn en – misschien wel nog belangrijker – wat ik kan en wíl geven in een relatie.

Balancerend op het randje van geluk, gevoelens en verwarring probeer ik deze zes simpele letters een diepere betekenis te geven. Maar waarom is dat zo lastig? Liefde is een onderwerp dat juist vandaag de dag interessanter dan ooit is om te bespreken. Ondanks het feit dat dit fenomeen namelijk niet per se een millennialding is, hebben we wel onze eigen kijk erop ontwikkeld. Swipe naar links, swipe naar rechts – 'Ieuw! Is dat de buurman?!' – swipe naar links, swipe naar – 'Hé, een match!' Tinder is slechts een van de vele bijzondere technologische ontwikkelingen op het vlak van de liefde. Ook ik heb er zo mijn eigen ervaringen mee, die ik je over een paar bladzijden zal vertellen.

'Was liefde maar als vroeger,' heb je vast wel eens iemand horen zeggen. Ik heb mezelf in ieder geval meerdere keren op deze gedachte betrapt, terwijl ik stiekem naar een oud schattig echtpaar keek of stuitte op het zoveelste 'Jan en Marie zijn al 70 jaar getrouwd'-artikel op mijn Facebook-feed. Tegenwoordig ben ik omringd door gebroken harten, ongelukkige stelletjes en relaties die al een lange tijd terug zijn uitgeblust – dezelfde stelletjes die jarenlang op elk mogelijk online platform van de daken schreeuwden hoe gelukkig ze wel niet waren.

Waarom lijkt eeuwige liefde alleen mogelijk bij vorige generaties? Gaf men elkaar toen langer dan één seconde de tijd voordat ze naar een kant werden geswiped? Chatboxen zaten niet vol geheimen, want die waren er niet. Als een relatie niet meer zo lekker liep, dan werd eraan gewerkt. Online stalkers bestonden niet. Tegenwoordig staat elke vriendinnengroep als een waar *Inspector Gadget*-team klaar met alle nodige informatie zodra jouw crush, ex-vriend of huidige partner vreemde activiteiten vertoont op het internet. Liefde is tegenwoordig, zoals Ariana geweldig omschrijft, een *thank you, next*. Althans, dat is wat ik misschien wilde horen. In werkelijkheid is er namelijk helemaal niet zoveel veranderd.

EARLY BIRD

Ik was er vroeg bij. Het feit dat ik ooit een klas had overslagen (groep twee, ik was nogal (eigen)wijs voor mijn leeftijd) zorgde ervoor dat ik oudere vrienden had, als ouder werd behandeld en dus ook iets volwassenere karaktereigenschappen ontwikkelde. Op mijn twaalfde kreeg ik voor het eerst interesse in jongens. Mijn eerste handje vasthouden was met een jochie dat ik op atletiek had leren kennen (ja, mam, dat was de reden dat ik atletiek ineens zo leuk vond) en voor ik het wist had ik het nergens anders meer over. Ik kan me een vaag bioscoopbezoekje herinneren aan *I Am Legend* (inclusief beste vriendin, want die moest mee) en tranen met tuiten toen meneer na twee weken geen verkering meer met mij wilde. Het was mijn eerste ervaring met de liefde en damn, viel die even tegen.

Mijn eerste echte vriendje kreeg ik toen ik dertien jaar was. Dertien! Hilarisch hoe ik dacht de wijsheid in pacht te hebben terwijl ik net uit mijn moeders vagigi gerold kwam. Het is bijzonder hoe zelfverzekerd en oud je je kunt voelen terwijl je in werkelijkheid nog maar een kakelend kuikentje bent.

Die eerste relatie was prachtig, zoals bijna alle eerste liefdes dat zijn. Het maakt niet uit of deze verkering een maandje of jaren heeft geduurd, of het echte of slechte liefde was; een eerste relatie heeft iets magisch. Van je eerste afspraakje tot het eerste echte intieme contact met iemand. Een eerste relatie is een mondvol van eerste keren. Een spinnenweb vol constante spanning en nieuwsgierigheid, waarin je niet alleen elkaar maar ook jezelf leert kennen. Je reageert anders op bepaalde situaties dan je normaal zou doen en ontdekt nieuwe kanten. Ineens komt je zorgzame jij naar boven, en zo kunnen andere kanten ook om de hoek komen kijken, zoals je gevoel voor drama of jaloezie. Zo denk ik dat ik voorgeprogrammeerd ben om met exotisch bloed te eindigen, want zelfs mijn eerste echte vriendje uit Purmerend was een halve latino. Althans, onderzoek (Germine et al., 2015) toont aan dat wie we aantrekkelijk vinden sterk beïnvloed wordt door onze levenservaringen, zoals de gezichten die je voornamelijk ziet en de relaties die je vormt. Mocht je een goede relatie hebben met iemand, dan kan het dus zomaar zijn dat je onbewust zijn uiterlijke kenmerken linkt aan iets positiefs. Daardoor voel je je sneller aangetrokken tot iemand met soortgelijke kenmerken. Hoe meer je omringd bent door bepaalde uiterlijke kenmerken, hoe aantrekkelijker je ze gaat vinden. Zouden die jarenlange vakanties aan de Costa Brava er stiekem voor gezorgd hebben dat mijn voorkeur uitgaat naar *hispanics*? Wie weet!

Met Papi was ik in totaal iets meer dan drie jaar. Niet verkeerd voor een eerste relatie, als je het mij vraagt. Op mijn eerste lovestory kijk ik altijd met een glimlach terug. Je weet nog niets, maar je wederhelft ook niet. Samen voelt het alsof je de wereld aankunt en vervelende situaties zijn er niet. Je woont beiden nog bij de ouders, hebt op de kaasbroodjes uit de schoolkantine na een leven zonder vaste lasten (utopia!) en de enige zorg die je bezighoudt is wanneer je weer tijd hebt om elkaar te zoenen. Zo neem je elkaar voor het eerst mee uit eten (die 72 euro en de schok die daarbij kwam kijken, vergeet hij denk ik niet meer), ga je voor het eerst met elkaar op vakantie (Costa Brava, inclusief ouders), en maak je een eerste ruzie mee (de wereld verging écht!).

Ja, dat waren fijne jaren. Er was ook veel tienerdrama, maar op de een of andere manier lijken mijn hersenen dit compleet verwijderd te hebben. Als ik echt mijn best doe, bestaan mijn herinneringen voornamelijk uit oneindige zomervakanties, uit de hand gelopen feestjes en dvd-marathons.

We hebben allemaal wel eens een gekke droom gehad over of een flashback naar onze ex-relaties. Bewust, maar vaak ook geheel onbewust, waardoor je er misschien een beetje door overrompeld werd. Hoewel er waarschijnlijk steengoede redenen zijn om niet meer in een relatie met je ex(en) te zitten, betrap je jezelf misschien nog steeds op het soms verheerlijken van die relatie(s). Ook ik was (en ben soms nog steeds) schuldig aan het terughalen van mooie herinneringen aan voorgaande relaties, maar de kans is groot dat mijn exen en zelfs huidige partner daar net zo hard aan meedoen. Een mens schijnt gemiddeld een paar keer per week nostalgische momenten te herbeleven. Alsof dat nog niet genoeg is, zijn we ook nog eens experts in het verdoezelen van de slechte herinneringen. Bij het hebben van een flashback zien we voornamelijk alleen de mooie kanten, zoals dat wij millennials bijvoorbeeld maar al te graag terugdenken aan *the good old zeroes*. Geef toe, hoe heerlijk is het om een oud familiefotoboek erbij te pakken en dat gevoel van toen weer heel even te herbeleven? Een studie (Kersten et al., 2017) laat zien dat wij mensen hier zelfs baat bij hebben; nostalgische momenten ophalen heeft een positief effect op onze gemoedsstand, identiteit en zelfvertrouwen. Het is dus niet per se de persoon die je mist, maar hoe jij als persoon was in je vorige relatie. Kun je volgende keer weer gerust verder slapen als een ex spontaan opduikt in je droom.

DE KROONLUCHTER

Toen mijn eerste relatie de driejaarmijlpaal overschreed, kreeg ik het Spaans benauwd. Ik was ervan overtuigd dat ik klaar was voor een nieuw leven, vol avontuur, reizen en ervaringen. Een vriendje, en al helemaal een vriendje dat het af en toe zelfs al over 'onze toekomst' had, paste niet in dat beeld. Spontane bindingsangst kreeg ik toen zijn moeder mijn naam op een sticker schreef en onder de kroonluchter in zijn oma's huis plakte. 'Als erfenis, voor in jullie huis later.' Welk huis? Waar dan? En hoe? Ik wilde in Spanje eindigen, of in New York of Frankrijk. De wereld ontdekken en een succesvolle zakenvrouw worden voor een groot en belangrijk internationaal bedrijf (mijn studie International Business & Languages wist zich goed te verkopen). Toegegeven, mijn toekomstbeeld was nog een tikkeltje wazig, maar één ding wist ik zeker: die lamp paste er niet in. Het moment dat die eerste liefdeswolk in een grommende donderwolk veranderde, kan ik me dan ook nog héél goed herinneren.

Hoe maak je het uit met iemand die je oprecht heel aardig vindt? Hoe kun je iemand bewust pijn doen? Ik, die zowat stikt in eigen snottebellen, gehinnik en tranen bij de slechtste romantische B-film, hoe kon ik in godsnaam iemand zulk slecht nieuws geven? Er zijn genoeg adviezen voor gebroken harten te vinden, maar hoe je een hart verlaat zonder het in duizend stukjes te breken, ho maar. Toch dacht ik het allemaal uitgevogeld te hebben. Mijn break-upplan bestond uit eerst voorzichtig laten merken dat ik afstand nam. Ik was van plan maanden uit te trekken zodat het niet als een schok zou komen. Misschien zou híj er dan zelfs mee komen, omdat het duidelijk niet meer hetzelfde als vroeger was. Ja, ik was er klaar voor. Totdat ik één minuut na mijn doordachte tactiek om 'iets afstandelijker' te doen het al direct voor mezelf verpestte. Heel subtiel dacht ik hem te sms'en, maar wie hield ik voor de gek. Meneer merkte direct iets aan mijn schrijfwijze en stond voor ik het wist voor de deur met de vraag of ik van plan was het uit te maken.

Geweldige aanpak Lau, ronduit geweldig.

Die avond eindigde in tranen, dichtslaande deuren en een enorme knoop in mijn maag. Een (ex-)vriend die in alle waanzin de deur uit was gestormd en niet meer thuis was aangekomen. Boze ouders – van beide kanten. Iedereen vroeg zich af waar dit ineens vandaan kwam. Niemand had het zien aankomen, zelfs voor mij was het tot een maand eerder een vrij spontaan besluit geweest. Het was makkelijker geweest als hij iets stoms had gedaan. Dan had ik een reden gehad om niet met hem te willen zijn. Mijn plan was compleet mislukt en er was niets wat ik eraan kon doen.

Een break-up, wanneer er oprechte gevoelens in het spel zijn, is nooit makkelijk. Van welke kant het ook komt. Als kind was het nooit in me opgekomen dat mijn hart niet gebroken zou worden, maar dat ik een hart zou breken. Ineens ging ik van de romantische Hilary Duff uit *A*

Cinderella Story naar een van haar kwaadaardige stiefzussen. Wat had ik in vredesnaam veroorzaakt? Wat ik dacht dat een opluchting zou zijn, voelde alsof er driehonderd hobbits in mijn maag hun weg naar buiten zochten. Ik voelde me én ik was nu officieel de gemeenste creatie op deze aardbol.

Mocht jij net uit een break-up komen dan zul je mij nu waarschijnlijk verafschuwen. Iemand die het uitmaakt, heeft het recht niet om zich in de slachtofferrol te plaatsen, ik weet het. En toch was dat wat er gebeurde. Maandenlang heb ik gehuild en gedacht de verkeerde beslissing genomen te hebben. Want wat nou als dít de liefde van mijn leven was en ik het zojuist verpest had? Waarom moest ik zo egoïstisch zijn? Waarom moest het altijd beter, groter en meer?

Mijn hart was gebroken en het ergste van dit alles was dat het mijn eigen schuld was. Toch, op de dagen dat ik het allemaal iets minder somber inzag, sprak diep vanbinnen het stemmetje in mij dat er in eerste instantie voor had gezorgd deze keuze te maken. Hoe wist ik überhaupt wie ik was of wie ik wilde zijn als ik al op zo'n jonge leeftijd mijn leven had vastgelegd?

Het duurde maanden voordat ik eroverheen was. Alsof dat nog niet genoeg was om te verwerken, deden de social media daar nog een schepje bovenop. Terwijl ik een zomer lang tranen met tuiten zat te huilen kwamen er foto's van mijn feestende ex langs die de tijd van zijn leven leek te hebben. Dit bevestigde nogmaals dat ik écht een fout had begaan. Ik zou voor altijd single zijn, nooit liefde ervaren en eindigen met twintig katten in een muffig bloemetjesgordijnenhuis. Twintig katten zouden overigens niet eens een straf zijn.

Liefde zorgt voor de aanmaak van dopamine, net zoals nicotine en cocaïne dat doen. Je probeert wat, dopamine komt vrij, het voelt geweldig en je wilt meer. Het maakt dat je continu in een doelgerichte motiverende staat verkeerd. Verliefd zijn voelt dus niet alleen als verslaafd zijn aan de liefde: je bént serieus verslaafd. Wordt die liefde plots weggenomen uit je leven, door een break-up of een ander tragisch event, dan wordt de dopamine-aanmaak dus ook prompt gestopt. Een studie (Fisher, Aron, Brown, 2005) onderzocht wat er allemaal precies in ons brein gaande is na een relatiebreuk. De proefpersonen, allemaal net uit een verbroken relatie gekomen, werden allereerst grondig ondervraagd. Bij al deze personen was er een mix van woede en verdriet en gaven ze aan zo'n 85 procent van de dag aan hem of haar te denken. Ook gaven ze aan een gebrek aan emotionele controle te hebben, vaak resulterend in ongepaste berichtjes, overmatig drankgebruik of urenlange huilbuien. Zacht uitgedrukt ging iedereen een verschrikkelijke tijd door.

Vervolgens werden de deelnemers door een functionele MRI onderzocht. Deze fMRI bepaalde de plaats van hersenactiviteit terwijl de kandidaten werd gevraagd om naar foto's van hun geliefde te kijken en hun gevoelens daarbij te delen. Deze gevoelens uitten zich vaak in 'Het doet zo'n pijn' en 'Ik vind het verschrikkelijk wat hij of zij mij heeft aangedaan'. Maar ondanks de negatieve gedachten, bleek het beloningssysteem van het brein nog steeds flink verliefde signalen te geven. Het brein ervaarde weliswaar geen beloning meer (lees: dopamine-aanmaak), maar ging er nog steeds van uit dat die beloning op een gegeven moment zou komen. Het lichaam wachtte dus letterlijk op een fix. Hierbij activeerden zich bepaalde delen in de hersenen die ook geactiveerd worden bij drugsverslaafden. Je moet je voorstellen dat het brein in een relatie duizenden neurale circuits heeft gewijd aan zijn of haar geliefde. Ieder van deze circuits moet weer opgevoed en gereconstrueerd worden om de afwezigheid van die persoon te kunnen verwerken.

Een sporadische nostalgische terugblik op jullie relatie is fijn en is zelfs goed voor je, zoals we hiervoor bespraken. Maar vooral in de beginfase doen die terugblikken je meer slecht dan goed. Blijf je op je roze wolk leven, constant denkend aan alle mooie tijden die jullie hadden? Dan stel je het rouwen alleen maar uit. Die high wordt naar verloop van tijd steeds korter, dus je zult steeds meer nodig hebben om je even iets beter te voelen. De confrontatie met jezelf uitstellen is het daarom niet waard. Weet dat je brein je aan het foppen is en onderneem de stappen om daartegenin te gaan.

Andersom geldt natuurlijk ook: blijf nooit bij iemand uit angst of medelijden. Je verdient het om je toekomst in eigen handen te nemen en je bent vrij om te kiezen met wie dat (niet) is. Je bent het waard en je verdient het om gelukkig te zijn, met of zonder hem of haar.

Is jouw relatie net uit en voel je je nu alsof de wereld vergaat? Heb je de twintig katten uit het asiel al gereserveerd, klaar om bij je in te trekken? Been there, done that. Maar, alsjeblieft, lees nog even verder, want dingen worden beter. Ik beloof het je.

SINGLE BELLS ALL THE WAY!

Na die zomer veranderde er iets in mij, als een knop die van de ene op de andere dag omging. Tijd heelt alle wonden – het cliché is knetterwaar. De maanden die daarop volgden maakte ik lol, een beetje geforceerd, maar beter dan niets. Ik zoende erop los, genoot van elke intieme ervaring die op mijn pad kwam en voelde me zelfverzekerder dan ooit. Wat dat betreft geef ik de voorkeur aan 2020, waar je als vrouw net zoals een man prima een leuke tijd kunt hebben zonder een label op je voorhoofd geplakt te krijgen. Althans, in zekere mate. Slutshaming komt nog veel voor, maar we gaan vooruit (bij dezen: voel je nooit schuldig omdat je geniet!). Ook stak ik meer tijd in mezelf. Dat bleek zijn vruchten af te werpen. Het jaar dat ik afscheid nam van mijn relatie schreef ik mezelf in bij de Kamer van Koophandel en begon ik een heel nieuw avontuur, zoals je in het volgende hoofdstuk zult lezen. Voor ik het wist was ik back in da(te)game, en voor het eerst óók online.

Misschien heb jij wel eens een Tinder-match of -date gehad of zelfs de ware liefde gevonden dankzij Tinder. In mijn vriendinnengroep zijn er zo meerdere succesvolle relaties ontstaan. Onschuldige kennismakingsgesprekjes via de chat had ik zelf ook af en toe. Maar afspreken? Dacht het niet! Wat nou als er ineens een vieze creep achter het beeldscherm zat? In mijn hoofd beeldde ik complete horrorscenario's in, van ontvoering tot chantage, vaak eindigend in een groot drama bij het programma *Cat Fish* van MTV.

Mijn beeld van Tinder veranderde toen ik op een dag een berichtje kreeg van een toch wel heel erg leuke Fransman. Voor het gemak noemen we hem even Pierre. Pierre leek het op de chatbox van Tinder allemaal te hebben: grappig, slim en een knappe kop. We waren al een aantal dagen aan het chatten toen de gevreesde vraag dan toch echt kwam: 'In for a coffee?' Holy, moly. Ik wist dat dit moment ging komen, maar het liefst had ik het tot in de eeuwigheid uitgesteld.

Daar zat ik dan. Tien minuten te vroeg op locatie, zodat ik er zeker van was dat ik hem op tijd zou zien aankomen. Ik had het drukste café dat ik kon vinden uitgekozen, midden op het Museumplein in Amsterdam. Om me heen bruiste het van de mensen die aan het praten en lachen waren. Als die mensen toch eens hadden geweten wat ik op het punt stond te doen. Mijn gevoelens werden afgewisseld door spijt en nieuwsgierigheid. Elke zoveel seconden kreeg ik een zenuwscheut in mijn buik terwijl ik zijn foto's nog eens goed bekeek. Wat nou als het een engerd was? Of hij viel flink tegen? Ik probeerde met al mijn kracht filmscenario's terug te halen om op een goede smoes te komen terwijl ik ondertussen mijn ogen op het raam had gevestigd. Bestellen deed ik nog niet, voor als ik onverwachts moest vluchten. Toen de deur openzwaaide schreeuwde ik in gedachten hoera! Pierre was nog eens driedubbel zo knap als op de foto's. Natuurlijk is een knappe kop met lege hersenpan ook niets, maar een goede uitstraling was zeker een goed begin.

Ken je dat gevoel dat je niet weet waar je kijken moet? Je ziet iemand al van veraf aankomen en diegene heeft jou ook al gezien. Wegkijken is gek, maar elkaar non-stop aanstaren heeft iets uitermate ongemakkelijks. Ik deed daarom alsof ik nonchalant een berichtje op mijn telefoon beantwoordde. Toen ik mijn hoofd weer optilde, was Pierre bij mijn strategisch uitgekozen tafeltje beland. De scheut die ik toen in mijn maag voelde, was niet van de zenuwen, maar van de honger. Shit. Hopend dat ik de enige was die de oerkreet vanuit mijn maag hoorde, verwelkomde ik hem met mijn grootste glimlach en het beste Franse accent dat ik eruit geperst kreeg.

'Bonjour!' Mijn Frans kwam er niet zo mooi uit als ik voor ogen had. In plaats van een romantische, Franse klank leek mijn stem meer op die van Sjaan uit de Jordaan. Bonsjoer! Mooie opening of niet, de Tinder-date was officieel van start gegaan en er was geen weg meer terug.

TRÈS ROMANTIQUE

Mijn ongemakkelijke ik bleek geen probleem te zijn voor mon chéri. Na de eerste date volgde een tweede en voor ik het wist zag ik de binnenkant van zijn appartement in het centrum van Amsterdam. We gingen van de Argentijn naar de Chinees en eindigden op een gegeven moment zelfs in het chique MOMO. Kriebels had ik niet, maar die zouden vanzelf wel komen. Ik oefende mijn Franse uitspraak, was elk weekend bij hem en we hadden het op een gegeven moment zelfs over het boeken van een vakantie. Olala! Ja, als ik terugdenk aan deze tijd, begrijp ik mijn verwarring. Het was allemaal zo perfect! Meneer was knap, slim, had een goede baan én smaak. Misschien ontbrak er wat gevoeligheid van zijn kant, maar verder voldeed hij aan het perfecte plaatje. Hoe kon het dan toch dat ik niet voelde wat ik dacht te moeten voelen?

We waren net een paar maanden aan het daten, toen Pierre van een zakenreis terugkwam en hij een kleinigheidje voor me had meegebracht. Wat onwijs attent en très romantique! Terwijl hij nonchalant voor zich uit keek opende ik het mooie doosje dat héél iets anders bevatte dan ik had gehoopt: twee onwijs ordinaire, doorzichtige kontveters. Een zwarte en een witte, inclusief diamantjes op de punani. Meneer gaf nog steeds geen kick, terwijl ik aan één vinger het bungelende glimmende touwtje voor mijn neus hield. Begrijp me niet verkeerd, met een mooi setje lingerie maak je me onwijs blij, maar dit glinsterdoosje leek regelrecht uit een van de toeristenseksshops op de Wallen te komen. Alsof het niet erger kon worden, bleken beide strings een spleet te hebben op de plek van mijn eigen spleet. Je weet wel, zodat hij er op elk gewenst moment van de dag makkelijk in kon floepen. Met een krampachtige glimlach perste ik er een *merci beaucoup* uit en bij thuiskomst wist ik niet hoe snel ik die strings in de ondersta la van mijn kast moest gooien.

Het stringvoorval was het eerste moment dat ik serieus aan mijn liefde voor monsieur begon te twijfelen. Was ik verliefd geweest, dan had ik er waarschijnlijk keihard om moeten lachen. Maar dat kon ik niet. En als ik echt verliefd was, dan had ik dat toch geweten? Met het nieuwste album van Ed Sheeran op probeerde ik mezelf zo goed mogelijk te concentreren en bij de meest romantische liedjes een gevoel op te wekken. Ik wist niet meer hoe kriebels in mijn buik voelden, die had ik voor het laatst gehad toen ik dertien was en mijn eerste vriendje leerde kennen.

De relatie eindigde in een ongemakkelijke discussie met Pierre die mij ervan probeerde te overtuigen dat ik wel degelijk verliefd was, terwijl ik voor de tweede keer op rij het uitmaakte met iemand die de liefde van mijn leven had kunnen zijn.

Ik werd steeds ongeruster, vroeg me op een gegeven moment zelfs af of ik misschien helemaal niet verliefd kon worden. Mijn grootste nachtmerrie, iemand zijn die geen liefde vindt, veranderde zojuist in iemand zijn die liefde zoekt, maar niet lief kan hebben.

SLOW-LOVE

Een of meerdere (Tinder-)dates in dezelfde periode, friends with benefits, of een relatie waar de stempel nog niet op is geplakt: je kent of bent vast wel iemand in een van bovenstaande situaties. Onze generatie kijkt al veel minder op van een single vrouw die er bewust voor kiest om geen partner te hebben of twee mensen die regelmatig daten maar geen officieel stel zijn.

Hoewel bovenstaande argumenten het tegenovergestelde doen geloven, hebben millennials minder dates en minder vaak seks dan vorige generaties (Pope, 2019). We zijn dus vrijer in onze keuzes en meningsuitingen, maar iets terughoudender wanneer het aankomt op intieme relaties. Als gevolg kiezen we er bijvoorbeeld ook voor om later het huwelijksbootje in te stappen (of gewoon helemaal niet te trouwen); in 2018 ging de gemiddelde trouwleeftijd richting de dertig (29,8 voor mannen en 27,8 voor vrouwen). Dat is meer dan vijf jaar hoger in slechts een paar generaties! Ook onze manier van daten zelf is veranderd. Waar vroeger de eerste date ging om het echt leren kennen van iemand, komt een officiële date tegenwoordig pas later in het dateproces te pas. Voor sommige singles (34 procent) komt seks zelfs voor een officiële date (eh, *guilty*).

Er zijn critici die de oorzaak hiervan bij onze sociale isolatie en overmatige online aanwezigheid leggen. De toegenomen angststoornissen, overmatige schermtijd, social media en overbezorgde ouders zouden onder andere bijdragen aan dit 'probleem'. Het wordt door sommigen zelfs een seksrecessie genoemd. Maar, volgens dr. Fisher, schrijfster van het boek *Anatomy of Love* (2017) en expert in relaties en liefde, valt het allemaal reuze mee. Omdat millennials meer kansen en keuzes hebben, nemen ze juist meer de tijd voordat ze levensveranderende beslissingen nemen. Volgens dr. Fisher zouden de oudere generaties zelfs een voorbeeld kunnen nemen aan deze slow-love-aanpak. Juist omdat millennials niet te veel tijd willen steken in intieme relaties die nergens toe leiden, wordt de kans op een succesvolle relatie groter. Die aanpak blijkt niet geheel mis te zijn; stellen die langer dan drie jaar daten voordat ze trouwen, hebben 39 procent minder kans op een scheiding. Voel je dus vooral niet schuldig of ongewild als je maar geen leuke partner lijkt te vinden. Je investeert in jezelf door niet met de eerste en beste voorbijganger te

Op de jaarlijkse Feria in Córdoba met mijn beste Erasmus-vrienden en roommates Merijn en Eleonor (2015)

settelen. Mijn keuze om wederom op mijn gevoel af te gaan en Pierre af te wijzen, betekende niet dat ik niet lief kon hebben. Het liet juist zien dat ik genoeg van mezelf hield om te wachten op de juiste persoon.

NAÏEF EN VERLIEFD

Negentien was ik, toen ik de tijd van mijn leven beleefde tijdens een uitwisselingssemester in Zuid-Spanje. Ik leefde in de zogeheten Erasmusbubbel. Mooi weer, leuke omgeving, vrijheid en een nieuwe cultuur met nieuwe gezichten. Met die nieuwe gezichten bedoel ik de Cordobéses en met de Cordobéses heb ik het over de knapste mannen op deze freaking aardbol. *Madre mía*. De vrouwen in Zuid-Spanje zijn trouwens ook om jaloers op te worden. Al met al, zoek je nog een leuke partner, boek een tripje naar Córdoba.

Ik was net aangekomen in de stad der goden en genoot flink van het Spaanse studentenleven. Samen met mijn Erasmus-vrienden zat ik inmiddels aan mijn vierde wodka en danste ik erop los. Althans, dansen is een groot woord. Terwijl de Españolas zwoel hun volle heupen in alle richtingen zwaaiden en de mannen de perfecte salsa- en bachatapasjes uitvoerden, stond ik als een Hollandse Ankie Plankie zonder gevoel voor ritme een soort paringsdans uit te voeren. Een aardige Mexicaanse klasgenoot kon het niet meer aanzien en deed een poging mij de bachata te leren, maar toen hij erachter kwam dat ik elke derde stap op zijn teen stampte, was hij zijn interesse al snel verloren. Ik daarentegen was niet te stoppen. Hoe meer drankjes erin gingen, hoe beter het ging. Als een ware Shakira schudde ik mijn (niet-bestaande) billen van links naar rechts en wist ik zelfs een tafel op te klimmen zodat de rest van de wereld (oké, kroeg) mijn danskunsten kon aanschouwen. Hoelang ik daar precies stond en wat voor dansjes ik deed, staat me niet meer bij, wél weet ik dat ik op een gegeven moment een hand aangeboden kreeg van een mysterieuze Spanjaard.

Fernando.

Naïeve, verliefde Lau toch. Als ik een tijdmachine had gehad, was dit het moment geweest om terug te springen in de tijd en mezelf eens goed aan die blonde paardenstaart te trekken.

Fernando was de eerste jongen die mijn benen veranderde in spaghettisliertjes en mijn buik vulde met vlinders. Fernando was breed, maar niet sportschoolgespierd. Dankzij zijn passie voor voetbal zag hij er fit uit. Zijn zusje, die zowel lichamelijk als verstandelijk beperkt was, had hem over de jaren in een zeer zorgzaam persoon veranderd. Zo rende Fernando marathons terwijl hij zijn zusje voortduwde in een rolstoel en zette hij zich in waar hij kon voor het goede doel. Zijn amandelogen gaven hem een sexy look, zelfs wanneer hij boos was. Eigenlijk moeten de alarmbellen bij zulke perfectie al gaan rinkelen, maar mijn bovenkamertje leek op dat moment in onderhoud te zijn. En dus liet ik me die avond verleiden en zette hij mij na een hoop dronken gebrabbel van mijn kant netjes thuis af én liet zijn telefoonnummer achter. Niet veel later hadden we een eerste afspraakje in de bios, een Spaanse film waar ik driekwart niet van meekreeg. Fernando was een goedzak, knapperd en slimmerik in één. Dat hij tien jaar ouder was dan ik deed er niet toe. Ik was in de wolken en niets kon mij meer tegenhouden.

Behalve Fernando zelf.

Die bewuste avond kan ik me nog goed herinneren. We waren inmiddels twee maanden aan het daten en ik was tot over mijn oren verliefd. Niet alleen was ik blij met onze scharrelrelatie, ook was ik uitermate verrast dat ik blijkbaar wél verliefd kon worden. Al een week keek ik uit naar Fernando's verjaardag. Samen met een groepje vrienden zouden we om 23.00 uur naar een bar gaan om wat drankjes te drinken. Waar precies wisten ze nog niet, dus dat zou hij mij op de avond zelf laten weten. Aangezien in Spanje alle plannen de laatste seconde gemaakt worden, keek ik daar niet van op.

Om 22.00 uur had ik mijn hoofd al in een bak make-up gedompeld, mezelf in het meest sexy jurkje van mijn kast gewurmd en was ik *ready to slay*. Ik wilde niet ongeduldig overkomen, dus ik wachtte op een berichtje van Fernando. De tijd leek stil te staan. Samen met mijn beste vriend en huisgenoot zat ik op mijn bed, wachtend op een signaal. Het werd 23.00 uur en nog steeds had ik geen teken van leven ontvangen. Ik besloot het initiatief te nemen, maar had spijt toen ik geen antwoord kreeg. Was ik te hebberig? Het was inmiddels 01.00 uur. De tijd ging nog langzamer voorbij dan wanneer je hongerig wacht tot je eten bezorgd wordt. Inmiddels zat ik al drie uur lang met mijn *not-so-slay-anymore* look weg te rotten.

De moed zonk me in mijn schoenen en met een knoop in mijn maag vreesde ik het ergste: hij wilde mij er niet bij hebben. Verliefd als ik was, bleef ik die nacht tot 04.00 uur op, wachtend op iets. Een appje, belletje, misschien zou hij zelfs voor de deur staan – maar nee. Niks, nada, noppes. Ik kon er simpelweg niet over uit. Hoe kon ik al die tijd het gevoel gehad hebben dat we zo goed bij elkaar pasten, terwijl hij zomaar van de ene op de andere dag geen contact meer kon opnemen?

Twee maanden later ontving ik een berichtje dat hij weer terug was bij zijn ex-vriendin. De puzzelstukjes vielen op zijn plek en ik had er weer een wijze levensles bij: liefde is niet altijd wederzijds.

UN FROZEN YOGHURT, POR FAVOR

Zoals Taylor Swift inmiddels alweer heel wat jaren terug (damn, we worden oud!) zong: 'You Belong with Me'. Jij hoort bij mij, in de romantische zin. Althans, dat hopen we (fysiek bij iemand horen klinkt niet gezond, al zal het helaas ongetwijfeld gebeuren). Waar komt toch die extreme drang vandaan om bij iemand te horen? Volgens Baumeister en Leary (1995) worden menselijke wezens van nature gedreven tot het vestigen en behouden van verbondenheid. Deze behoefte gaat verder dan de behoefte aan oppervlakkige sociale banden of seksuele interactie. Bij iemand horen (en iemand hebben die bij jou hoort) is dus cruciaal voor ons welzijn, al hoef je dat waarschijnlijk niet van mij te horen. We weten donders goed hoe fijn het hebben van een goede relatie kan zijn. Helen Fisher, antropoloog gespecialiseerd in menselijke emoties, zegt dat het bij ouderen vooral te zien is wie er nog openstaat voor de liefde (en wie niet). De eenzame mensen die het gevoel hebben niet geliefd te zijn, worden snel bitter en teruggetrokken. Ironisch genoeg staan deze mensen vervolgens ook veel minder open voor de liefde, zelfs wanneer die hun wel aangeboden wordt. Andersom kan een geliefd mens meer medeleven en begrip tonen voor een ander. Heb jij de hoop op liefde allang opgegeven, dan wil ik je alsjeblieft vragen de liefde nog een kans te geven. Belangrijk om je te realiseren is namelijk dat die liefde niet per se van een potentiële partner hoeft te komen. Ook dieren, vrienden, familie en zelfs houden van jezelf kunnen dit geluk creëren. Laat die druk om in een relatie te komen achterwege en focus je een tijdje puur en alleen op de liefde. Geniet heel even van een verliefd jong stelletje op straat, breng een bezoek aan een dierenasiel, bied je aan voor vrijwilligerswerk met ouderen. Deze kleine handelingen kunnen ervoor zorgen dat je je onbewust meer openstelt voor meer mensen, meer kansen en dus meer liefde.

Degenen die dit boek lezen en mij al langere tijd volgen, wachten nu ook vast op het moment dat ik Tony ontmoette, de Spanjaard met wie ik inmiddels al vijf jaar door het leven ga. Merkwaardig genoeg leerde ik Tony ongeveer rond dezelfde tijd als Fernando kennen – in dezelfde kroeg. We maakten af en toe een praatje na ooit een leuke avond gehad te hebben, maar daar was het al die maanden bij gebleven. Tot op een avond in mei.

Na weer een avondje vol (pogingen tot) dansen was ik onderweg naar mijn appartement. Ik had het niet naar mijn zin gehad. Aan het begin van de avond was ik Fernando tegengekomen en stiekem voelde ik weer hoop. Met goede moed werkte ik mijn lipstick bij en stapte ik vol zelfvertrouwen op hem af. Dit was het moment! Eenmaal aangekomen was die ooit zo leuke Fernando akelig afstandelijk en voor ik het wist, stond ik alleen op de plek waar hij enkele minuten eerder had gestaan. Bah, waarom moest ik dan ook op hem afstappen? Ik wist dat ik zonder hem zou kunnen, dat ik sterk genoeg was, en tóch deed het me onwijs veel wat hij van mij dacht. Bijna was ik in tranen uitgebarsten. Teleurgesteld in Fernando, omdat hij niet reageerde zoals ik had verwacht dat hij zou doen, maar vooral kwaad op mezelf, om tóch weer mijn zwakke kant te hebben laten zien. Het voelde als falen, falen om de sterke, onafhankelijke chick te zijn die ik zo graag wilde zijn.

Ik racete zo snel als ik kon naar mijn kleine maar fijne appartementje, niet ver van het centrum af. Om daar te komen, moest ik langs een hippe foodmarkt in Córdoba waar tot in de late uurtjes gedronken wordt en muziek is. Met mijn hoofd naar mijn voeten gericht, liep ik zo snel als mijn benen mij toelieten richting huis. Ik hield er niet van om alleen buiten te zijn in de avond, dus hoe eerder ik daar zou zijn, hoe beter. Door mijn mentale toestand was ik helemaal niet bewust van mijn omgeving. Ik hoorde wel het geroezemoes vaag op de achtergrond, maar als kaaskop in Zuid-Spanje krijg je nogal wat dingen naar je hoofd gegooid. Eenmaal thuis zag ik een appje van Tony:

Hij: 'Hola guapa! Zeggen we geen gedag meer?'
Ik: 'Hola. Hoe bedoel je?'

Hij: 'Je liep me net recht voorbij, zonder iets te zeggen. Volgens mij zat je in je eigen wereld.'
Ik: 'O, sorry!!! Het is mijn dag niet.'
Hij: 'Geen probleem. Je zag er prachtig uit. Slaap lekker, Lau.'

DE FERIA

De volgende ochtend werd ik met een positief gevoel wakker. Het was een prachtige dag, ik was vrij om te gaan en staan waar ik wilde, dus waar zeurde ik over? Ik had niemand nodig om een lach op mijn gezicht te toveren. Weken gingen voorbij terwijl ik lol maakte met mijn huisgenootjes, af en toe een leuke scharrel had en me voornamelijk focuste op mijn studie. Ja, het zag er eigenlijk allemaal wel prima uit zo.

Geen vriendje, geen gedoe, dat was mijn nieuwe motto. Al zou dat niet lang meer zo blijven. Terwijl ik dit schrijf kan ik me niet meer voorstellen hoe het is om je te vervelen, maar één ding weet ik wel: ik verveelde me op 30 mei 2015. De laatste dag van de Feria was ingegaan, het enorme jaarlijkse feest in Córdoba. Ik had in één week genoeg alcohol op voor het komende jaar en de broodjes kebab kwamen als de rook uit de uitlaat van een bus uit mijn poriën gestoomd. Met mijn voeten in de lucht hing ik al een uur op bed in een kamer van veertig graden mijn zweetdruppels te tellen. Mijn favoriete huisgenootjes waren niet thuis, mijn examens waren voorbij en ik had zelfs geen werkgerelateerde taken meer openstaan. In mijn hoofd ging ik een denkbeeldige lijst af met mensen die wel in waren voor een (non-alcoholisch) drankje. God mag weten waarom, maar ineens ging het lampje branden: Tony. Met deze leuke Spanjaard had ik aan het begin van mijn Erasmus-tijd een leuke, spontane nacht beleefd, maar daar was het vervolgens altijd bijgebleven.

Ik: 'Hola, wat ben je aan het doen?'
Hij: 'Aan het werk, jij?'
Ik: 'Niets. Ik vroeg me af of je zin had in een frozen yoghurt, maar daar zullen we dus even mee moeten wachten!'
Hij: 'We zien elkaar over 10 minuten op La Plaza de Constitución.'

Kijk aan! Meneer was geïnteresseerd in een afspraakje met me. Stiekem genoot ik ervan, na alle narigheid die ik met Fernando had ervaren. Ik moet toegeven dat ik ook een tikkeltje zenuwachtig was: het was de eerste keer in mijn leven dat ík iemand mee uit vroeg in plaats van andersom. Wat een kick. En waarom ook niet? Wij vrouwen hebben meer ballen dan sommige ballendragers. Ook was ik stiekem gewoon heel benieuwd naar hoe Tony écht was. Tijdens het uitgaansleven kende ik hem als de harige dude die niet veel sprak, maar wel veel danste. Hij had in ieder geval meer heupmobiliteit dan mijn oude zumbalerares. Ik kon hem niet peilen, wat natuurlijk juist maakte dat ik interesse had.

Vanuit de verte zag ik hem aankomen. Hij was niet moeilijk te herkennen, met zijn 1,85 meter tussen alle relatief kleine mensen. Halleluja, alle baardige Spanjaarden nog aan toe, ging er door mijn hoofd. Wat zag Antonio er geweldig uit in pak! Ik had direct spijt van mijn goedkope H&M-fladderjurkje, waar ik eerder die dag zelfs een beetje ketchup op geknoeid had. Paniekerig zette ik mijn zonnebril op, in de hoop de gebrokkelde mascara die er sinds die avond ervoor opzat te verbergen, en ik gaf hem mijn grootste glimlach.

'Hola! Hoe gaat het?' Als reactie zei hij direct hoe mooi ik eruitzag. Het vervelende is dat je in Spanje nooit kan peilen of iemand je oprecht mooi vindt, of het uit beleefdheid zegt. Je oma, opa, kat, overbuurvrouw en zelfs niet moeders mooiste buurman worden namelijk allemaal guapo of guapa genoemd in Zuid-Spanje. Leuk om een gesprek mee te beginnen, minder leuk als je wilt peilen of iemand je daadwerkelijk ziet zitten of niet. Ik besloot het als een oprecht compliment te nemen. ‘Gracias. Wat leuk dat je spontaan kon afspreken!’ ‘No problemo,’ bloosde hij.

Ik kon me bijna niet voorstellen dat een jongen die er zó gelikt uitzag verlegen was. Ik realiseer me dat het generaliserend is, maar bij een jongen met perfect geschoren baard, strak in het pak en een knappe kop verwachtte ik gewoon een eikel. Zo’n kerel die ieder meisje kan fiksen, zich daar geheel bewust van is en het liefst zichzelf de hele dag in de spiegel bekijkt.

Tony daarentegen leek dat allesbehalve te zijn. Ondanks zijn lengte, perfecte baard en knappe kop had hij iets knulligs over zich, in de positieve zin. Geconcentreerd en voorzichtig at hij zijn frozen yoghurt op alsof hij er nog nooit eerder een had gegeten. Jaren later gaf hij toe dat hij er inderdaad nog nooit van gehoord had en het ergste vreesde toen ik hem uitnodigde. Wat hij dan had verwacht is me nog steeds niet duidelijk (een bevroren pak yoghurt?).

Tony luisterde aandachtig naar alles wat ik zei. Dit was waarschijnlijk te wijden aan het feit dat mijn Spaans nog niet vloeiend was (ik zei een keer doodleuk ‘anus’ (ano) in plaats van ‘jaar’ (año)) en hij liet een verlegen lachje ontsnappen als hij niet begreep wat ik wilde zeggen. Wat een poepie. Helemaal perplex was ik, dat ik er zo naast had gezeten qua persoonlijkheid. Nog nooit eerder wilde ik zo graag iemand leren kennen. Hem van top tot teen ondervragen over zijn verleden, zijn hobby’s, zijn leven. Mijn gebrek aan vloeiend Spaans maakte me nog nieuwsgieriger. Ik moest en zou Tony beter leren kennen.

En deze keer was ik niet de enige die daar zo over dacht.

Een paar dagen later wurmde ik me in Tony's oude Hyundai Coupé, die vijftien jaar terug waarschijnlijk een eyecatcher was geweest. Het maakte dat ik hem alleen maar leuker vond. We reden, en reden, en reden. We reden zo lang in het donker een berg op dat ik voor een enkele seconde zelfs dacht de stomste fout van mijn leven gemaakt te hebben. Naïef, jong, buitenlands en verliefd... Ik was het perfecte doelwit. Ik, een fanatiek thrillerfanaat, zag het al helemaal voor me. Ik hoorde mijn moeders 'Dat is niet erg verstandig, Lau' en mijn vaders 'Tsjongejongejonge' terwijl ik met geknepen zweetbilletjes en al een karatemove uit *Taken 1, 2* en *3* uitstippelde.

'Open het dashboard, er zit een verrassing voor je in,' zei Antonio.

Een tikkeltje nerveus opende ik het kapotte dashboardlaatje en viste ik er een gazen zakje uit. In dat zakje vond ik een van de lelijkste armbandjes die ik ooit gezien had, maar dat maakte mijn enthousiasme niet minder. Hij had de moeite genomen om iets te kopen en het was geen doorzichtige glitterstring met een gat erin.

Die avond werd ik niet in de bosjes gedumpt, maar naar het puntje van een berg gebracht om Córdoba van bovenaf te zien, inclusief sterrenhemel en maneschijn.

UIT HET OOG, UIT HET HART

Je raadt het al. De weken daaropvolgend waren als een oneindige vakantieliefde. Ik had nog maar vier weken te gaan in Córdoba voordat mijn uitwisseling erop zat en we wilden van elk moment zoveel mogelijk genieten. We aten frozen yoghurts tot *brain freeze* aan toe, dansten totdat we met ochtendlicht en al jolend naar huis waggelden en zagen elkaar elk mogelijk moment van de dag. Mijn Erasmus-vrienden begonnen te zuchten wanneer ik voor de zoveelste keer met het Tony-excuus aankwam – ik was compleet van de radar verdwenen. We waren in de wolken.

Tony verraste mij met een laatste afscheid
op station Málaga Vialia (2015)

Hoe dichter bij het eind, hoe zenuwachtiger ik werd. Zo nuchter als ik ben, wist ik dat er geen enkele mogelijkheid was dat deze relatie een succes zou worden. De tien jaar vakantie-ervaring spraken voor zich. Elke zomer weer moest ik afscheid nemen van de vakantievriend(inn)en die ik had gemaakt, altijd beloven elkaar zo snel mogelijk weer te zien. Natuurlijk wíl je elkaar wel blijven zien, maar het leven heeft vaak andere plannen. Uit het oog, uit het hart. Althans, dat is wat ik mezelf keer op keer wijsmaakte, om mijn net aan elkaar gelijmde hart voor een tweede val te behoeden.

En toen brak de dag aan dat ik afscheid moest nemen. Ik deed dat eind juni 2015, als een rasechte millennial, via mijn meest waardevolle dagboek: mijn blog.

Hoe leg je iemand uit hoe het voelt om je eigen thuis te verlaten? De nieuwe vrienden die je hebt gemaakt, de herinneringen die je samen hebt opgebouwd... De personen die je hart sneller lieten kloppen?

Antonio, de Spanjaard die ik al sinds januari voorbij zag dwarrelen in de straten van Córdoba. De mysterieuze jongen die altijd in pak liep, terwijl de rest van de wereld lag te bezwijken van de veertiggradenhittegolf die zich door de Spaanse straatjes verspreidde.

Antonio, die o zo gewone Spanjaard, met veel haar en een Cordobés accent. Stond je dan, met een grote glimlach en je XL half gesmolten frozen yoghurt (ínclusief KitKat-, kokos- én Ferrero Rocher-topping), voor mijn deur, in de hitte. Je had me op onze eerste date horen zeggen dat dat mijn favoriete combinatie was. Je had het maar al te goed begrepen. Als je Laus hart wil veroveren, dan doe je dat met eten.

Het begin van heel wat mooie momenten.

De dag dat we samen, zonder ook maar iets te zeggen, met zacht krekelgetsjirp op de achtergrond de prachtige nacht bewonderden. Of die keren dat je in pak met vijftig graden Celsius en al via een geheime steeg een sprintje trok om mij twee keer op weg naar de gym te kunnen zien. En ik me maar afvragen hoe je daar opeens weer kon zijn! En dan die keer dat je me kwam ophalen vanuit Málaga, en alsof anderhalf uur rijden nog niet genoeg was, nog anderhalf uur verder Spanje in reed om samen Marbella in avondlicht te kunnen meemaken...

De prikkelbaard waar ik steeds meer gewend aan raakte. De Spaanse stem die me steeds fijner in de oren klonk. Toch wisten we dat er een moment kwam om gedag te zeggen, al kwam dat moment sneller dan ons lief was. Onverwachts moest je twee dagen eerder weg voor je werk en hadden we precies een halfuur om afscheid te nemen. Ik, die me altijd zo stoer voordeed, en uiteindelijk hikkend en snotterend van je wegliep. Jij, met je lieve glimlach die opeens veranderde in een verdrietige snik. En toch stond je daar, twee dagen later, in Málaga. Mijn lieve Spanjaard, in pak en al, voor een laatste afscheid. Antonio, de vakantieliefde die ongepland toch iets meer dan een vakantieliefde werd.

Al een jaar wonend in Málaga (2017)

Ondanks mijn gebrek aan vertrouwen nam onze relatie een heel andere wending. Nog dezelfde dag dat ik Córdoba en Tony verliet, startte ik in Nederland mijn laptop op om met hem te skypen. Die zes maanden daaropvolgend hebben we elkaar bijna elke dag gezien en gesproken via Skype en ik ben ervan overtuigd dat dit de reden is geweest waardoor we hiermee zijn doorgegaan. Natuurlijk kenden we elkaar al redelijk, maar na een maand daten ken je elkaar nog niet door en door. Door elke dag met elkaar te praten, te lachen en soms zelfs te huilen, kwamen we erachter dat er een bijzonder goede klik tussen ons was. We besloten er de officiële stempel op te plakken en voor ik het wist was ik waar de nuchtere Hollandse in mij nooit in wilde geloven: een langeafstandsvriendin. Een jaar later besloot ik mijn eerdere droom om een master te doen aan de kant te schuiven en me volledig te storten op mijn opkomende bedrijf. Dit gaf me de kans om te gaan en staan waar ik wilde, dus die keuze was snel gemaakt. Ik vertrok in de zomer van 2016 naar Spanje en heb me nooit meer af hoeven vragen of ik kan liefhebben.

VAN VUURWERKSHOW NAAR VLAMMETJE

Met de jaren veranderde de vuurwerkshow tussen Tony en mij in een klein maar fijn vlammetje dat altijd brandt. Gelukkig maar. Een leven lang in de pas verliefde staat zou voor een hoop ongelukjes, vergeetachtigheid en hoofdpijn zorgen. Vaak worden de buikkriebels tijdens de eerste maanden of jaren van een relatie direct gelinkt aan verliefdheid. Dat is zonde, want zo zou verliefdheid nooit lang kunnen duren. Vlinders in de buik worden veroorzaakt door emoties, sterke gevoelens die je hebt bij bepaalde situaties en omstandigheden. Neem nou de eerste keer dat je een presentatie geeft: je handen zweten, je bent zenuwachtig, misselijk en er lijken honderden vlinders door je maag te schieten. Blijf je een jaar lang elke week een presentatie geven dan verdwijnen die kriebels langzaam maar zeker. De adrenaline blijft, maar het gevoel verandert. Hetzelfde geldt voor *el amor*. In de eerste weken of maanden is alles spannend. Je denkt non-stop aan hem of haar. Je hart maakt een sprongetje wanneer je elkaar ziet. Je krijgt spontaan zweethandjes van elke aanraking en iedere zoen is vol passie en liefde. Tot op een gegeven moment die kriebels ophouden. Met een beetje geluk krijg je ze nu en dan nog als jullie elkaar weer diep in de ogen kijken, maar zo kriebelig als de eerste weken of maanden gaat je buik niet meer voelen. Betekent dat dan dat de liefde gedoofd is? Ik denk het niet.

Waar de kriebels ophouden is waar de echte liefde begint. Wanneer die lange zoen vol passie plaatsmaakt voor korte kusjes verspreid over de dag. In de ochtend een goedemorgenkus, tijdens het uitruimen van de vaatwasser een vlug 'bedankt'-kusje, in de avond een slaaplekkerkus. Het is het laatste stukje pizza afstaan, zelfs wanneer het jouw lievelingspizza is. De zenuwen en constante kriebels worden ingeruild voor kalmte en warmte. In plaats van dat je hart sneller gaat kloppen, kom je bij hem of haar tot rust. Een relatie waarin je kunt lachen, huilen en scheten kunt laten zonder enige gêne (en misschien met een vleugje walg). Maar liefde is ook opgeblazen discussies over wie de wijn vergeten is tijdens de zomerse picknick die zo perfect had moeten uitpakken. Elkaar in de haren vliegen om het meest onzinnige en er daarna dubbel om liggen. Zenuwen en spanningen veranderen in een gevoel van veiligheid en comfort. Liefde overkomt je, maar daarna kies je ervoor. Je ziet je partner niet meer als een spannend mysterie vol onbeantwoorde vragen, maar als thuis.

Aan het begin van dit hoofdstuk vroeg ik me af of liefde vroeger beter was en daar wil ik nog even op terugkomen. De manier waarop liefde wordt ervaren en nagejaagd is misschien namelijk niet meer hetzelfde, maar liefde an sich verandert niet. De bankjes waar singles ongemakkelijk en vol hoop wachtten op iemand die hun een dans aanbood hebben plaatsgemaakt voor single-advertenties in de krant, wat op zijn tijd weer veranderde in datingsites en vervolgens ingeruild werd door onze non-stop datemachine: de smartphone. Maar het singlebankje was altijd al daar.

HAPPILY EVER AFTER

Daar heb je er weer één hoor. De zoveelste wijsneus die het leven uitgevonden denkt te hebben. Ze komt net uit de poepluiers gerold, houdt het vijf jaar in een relatie uit en claimt nu al de sleutel tot de perfecte liefde gevonden te hebben. Er zullen er zijn die denken: we spreken elkaar over dertig jaar huwelijk en vijf kinderen.

Ik geef ze groot gelijk, ik ben inderdaad nog maar net om de hoek komen kijken en ik zal ongetwijfeld nog veel te ontdekken hebben. Toch wil deze snotneus een poging doen om je haar geheim tot een gelukkige relatie te vertellen. Wil ik daarmee zeggen dat ik *happily ever after* in deze relatie blijf? Ben je gek. Niemand kan in de toekomst kijken. Wel weet ik dat ik me gelukkig voel in de relatie waarin ik zit. Dit is niet vanzelfsprekend, al vind ik wel dat het zo zou moeten zijn. Misschien is mijn advies daarom niet zo interessant voor de stellen die al zestig jaar getrouwd zijn. Voor de millennials daarentegen, die met dezelfde constante sociale prikkels, datingapps en ongeduldigheid hebben te dealen is het wellicht iets om bij stil te staan. Dus, bij dezen, een persoonlijk advies dat ik zelf graag eerder had gehoord: liefde begint bij jezelf.

Voordat je het boek dichtslaat en keihard wegrent, blijf nog even. Ik weet dat het onwijs cliché klinkt en dat er vaak gezucht wordt als het gaat over zelfliefde. Dat is jammer. We hebben een negatieve associatie bij deze uitspraken omdat er over het algemeen verkondigd wordt dat we om van onszelf te houden onszelf als geweldig of perfect moeten zien. We denken dat we moeten houden van al onze pukkels, huilbuien, striae, *mood swings*. En daar gaat het mis. Houden van jezelf betekent als je het mij vraagt niet dat je juicht om je flaws, want wie is er nou echt blij met een grote witte puist op het puntje van je neus de dag dat je een sollicitatiegesprek gepland hebt staan? Daar kunnen we zelfs nog dieper op ingaan, want wie heeft er überhaupt ooit bedacht dat striae en pukkels iets slechts zijn?

Zelfliefde betekent daarom voor mij veel meer dan naar je lichaam kijken. Het betekent jezelf bewust zijn van wat je waard bent, beseffen dat je het verdient om geluk te ervaren. Ongeacht je leeftijd, uiterlijk of minder leuke kanten. Het betekent dingen in perspectief plaatsen, relativeren en accepteren. Het houdt in dat je je realiseert dat perfectie niet bestaat en dat jij er daarom mag wezen, gewoon, zoals je bent.

Nerja (2018)

ACCEPTATIE, VERWACHTINGEN, BEWUSTHEID

Maar, zelfliefde is niet het enige ingrediënt voor een goedgevuld bordje liefde. Ik kwam erachter dat geluk in een relatie voor mij op te delen is in drie factoren: (zelf)acceptatie, realistische verwachtingen en als laatste, bewustheid.

De liefde mag misschien dan wel niet zo perfect zijn als we als kind gehoopt hadden, maar dat liefde iets heel moois kan zijn, is iets wat ik zelf heb mogen ervaren.

Liefde begint als je het mij vraagt bij het accepteren van datgeen wat jou negatief bezighoudt. Zoals accepteren dat je soms nou eenmaal onredelijk kan reageren op bepaalde situaties, of dat de zoveelste poging tot gezonder leven is mislukt. Jezelf een toffe chick vinden, zelfs al ben je een heks als je je gelijk wilt krijgen en je het geduld hebt van een hongerige hond. Je hoeft er niet trots op te zijn of blij om te voelen, maar begin met het gewoon laten 'zijn'. Het besef is er. Door het bestaan van je valkuilen te accepteren, kun je vervolgens kiezen er iets aan te doen, of kun je het laten voor wat het is, afhankelijk van hoeveel macht jij hebt over de situatie en in hoeverre je het ervoor overhebt iets te veranderen. Het is ook belangrijk je te realiseren dat we niet alles onder controle kunnen hebben. Vooral in dat laatste geval is het accepteren van bepaalde feiten cruciaal, want jezelf je continu rot laten voelen om iets wat niet te veranderen is, brengt je alleen maar negativiteit.

Maar wat heeft dit nou met een relatie te maken? Meer dan je denkt. Doe je namelijk niets met de frustratie en onzekerheden die je voelt, dan blijkt toch vaak dat je op andere manieren dit nare gevoel probeert te compenseren. In een relatie uit dit zich vaak in bevestiging zoeken van je partner. Misschien vind je jezelf niet mooi genoeg, en vis je daarom constant naar complimenten van je partner. Of heb je het gevoel geen controle over je leven te hebben, waardoor je het leven van je partner probeert te controleren. Hoe langer je het gevoel onderdrukt, hoe meer bevestiging je nodig zult hebben. Dit is een oneindige strijd, want de liefde van een ander kan nooit helemaal jouw leegte opvullen zolang je er zelf niets aan doet. Dit kan ook in minder extreme mate, door bijvoorbeeld stress op je werk. Voel je je niet fijn op de werkvloer, dan uit dit zich hoogstwaarschijnlijk in onterechte prikkelbare reacties naar je partner toe. Zo heb ik een lange tijd ontkend te veel te werken, waardoor ik bij de kleinste discussie in huilen uitbarstte. Tony moest daardoor continu op zijn tenen lopen.

Als je datgeen wat je dwarszit nooit onder ogen komt en het maar blijft wegduwen met externe factoren, blijf je altijd een soort van leegte voelen. Een leegte die telkens meer prikkels nodig heeft om zich voldaan te voelen. Dat breekt uiteindelijk de liefde op. Niet omdat jij die niet kunt bieden, maar omdat de liefde voor jezelf ontbreekt. Het is daarom een investering in elke relatie om niet alleen elkaar te willen begrijpen, maar ook jezelf te leren begrijpen.

Ten tweede is duidelijk hebben wat je verwacht in een relatie voor mij een onmisbare factor. Liefde is geluk en ons geluk gaat gepaard met de hoogte van onze verwachtingen. Verwachtingen die je hebt van jezelf, zoals hierboven omschreven. Maar ook de verwachtingen van een ander, van je omgeving. In het laatste hoofdstuk van dit boek ga ik dieper in op geluk, maar het is te relevant om het niet in dit hoofdstuk te noemen. Heb je namelijk torenhoge, onrealistische verwachtingen van je partner, dan is de kans groot dat je je niet gelukkig voelt in de relatie of je vroeg of laat teleurgesteld wordt. Ga je al niet helemaal overtuigd een relatie in, denkend dat hij die bepaalde kritiekpunten toch wel kan of zal veranderen, dan is dat een groot risico. Misschien verandert hij of zij inderdaad en loopt alles goed af, maar er is ook een (grote) kans van niet. Niemand hoeft immers te veranderen slechts en alleen omdat de partner niet tevreden is. Weet daarom wat je elkaar te bieden hebt en wees je bewust van wat je wílt bieden in een relatie.

Als derde en daarmee laatste punt is bewustheid dat wat ons maakt of kraakt. Mindfulness is een hip woord dat vaak in de verkeerde context wordt gebruikt. Laat ik het daarom op de nuchtere manier verwoorden:

houd je koppie er gewoon bij. We worden tegenwoordig te veel geprikkeld, afgeleid en gestimuleerd om in het verleden of de toekomst te leven. Oók in een relatie. Doodzonde. Ik voel geluk in deze relatie, omdat ik niet blindelings naar de toekomst staar, maar in het moment leef. Geen van beiden nemen we het voor lief samen te zijn over zo veel jaar. Begrijp me niet verkeerd: we hopen het, maar we zien het niet als een gegeven. Natuurlijk maken we ook langetermijnplannen en vinden we het onwijs fijn te fantaseren over wat de toekomst te bieden heeft, maar we leven in het moment. En we leven met elkaar, niet voor elkaar. Het mooie aan de liefde is dat je zelf kunt kiezen met wie je die deelt, net zoals andersom iemand diezelfde keus maakt. Pas als je inziet hoe speciaal het is dat van twee kanten datzelfde besluit wordt genomen, leer je de tijd samen te waarderen. Elkaar te waarderen. En vooral jezelf te waarderen.

3

#NOFILTER

Nu ik aan dit hoofdstuk begin, heb ik al tienduizenden woorden op papier staan, maar toch verschijnt er een lichte zenuwtic in mijn rechterooglid als ik denk aan de woorden die er nog moeten komen. Misschien komt het door het feit dat hoe meer ik schrijf, hoe dichterbij de publicatiedatum komt. Het beeld dat jij dit boek straks in je echte niet-virtuele handen hebt, geeft mij weer klamme handjes. Er zit een knoop in mijn maag en een stemmetje in mijn achterhoofd dat mij zo nu en dan influistert dat dit boek niet genoeg is, dat ík niet genoeg ben. Dat is gek, want ik ben ambitieus geboren en niet iemand die zich snel terugtrekt door een angst of het onbekende. Het is daarom alsof er twee kanten elkaar aan het tegenspreken zijn. 'Jij kan dit, Lau, ga ervoor!' roept mijn ambitieuze kant. 'Wie denk je wel niet dat je bent, Lau,' fluistert de andere kant.

Onzekerheden zijn iets bijzonders. Als ik je nu vraag om drie onzekerheden op te noemen, welke dingen zouden dat dan zijn? Schrijf deze op, ik ben benieuwd hoe je na het lezen van dit hoofdstuk op deze onzekerheden terugkijkt.

September 2012, Purmerend

Zoals gewoonlijk bracht ik de middag door op het internet toen ik per toeval op een forum van de meidenwebsite Girlscene belandde. Het 'Hoe krijg je een sixpack?'-forum had honderden leden en maakte al snel dat ik mijn nieuwsgierigheid niet kon onderdrukken en lid werd. Gefascineerd scrolde ik de tientallen pagina's door, vol inspiratieplaatjes van ijzersterke buikspieren, motivatiequotes en gesprekken tussen de deelnemers. Een blokjesbuik bij een vrouw, was dat dan überhaupt mogelijk? In het dagelijks leven en op het internet zag ik regelmatig mannen voorbijkomen met zichtbare spierdefinitie, maar bij vrouwen was het me nog nooit opgevallen. Ik was zestien jaar en had tot dat moment nooit eerder bewust stilgestaan bij mijn lichaam. Nieuwsgierig keek ik naar mijn eigen buik. Zou ik dat ook kunnen bereiken? Volgens het internet wel. Door X te trainen en Y te eten kon ik Z-lichaam behalen. Het was bijna magisch, zo makkelijk als het leek. Je kent me inmiddels: zo impulsief als ik ben, besloot ik dat ook ik een blokjesbuik wilde, en wel meteen. Ik begon die dag met twintig zogeheten crunches op het kleed in de woonkamer. 'Wat doe jij nou?' vroeg mijn vader lachend. 'Doe niet zo gek, joh,' mompelde mijn moeder. Ik was bloedserieus. Het branderige gevoel in mijn buik gaf me een bijzonder voldaan gevoel en ik besloot er een nieuwe missie van te maken. Vanaf dat moment zou sport een nieuw deel van mijn leven worden, minimaal vijf keer per week. De maanden die daarop volgden gingen gepaard met veel hardlopen, thuiswork-outs van de topfitte online fitnessgoeroe Cassey Ho en een nieuwe manier van eten. Het werkte verslavend. Elke training weer probeerde ik er meer crunches uit te persen. Elke nieuwe run wilde ik mijn vorige afstand of snelheid verbeteren. Elke maaltijd doelde ik op gezonder eten.

Meer, beter, gezonder.

Maanden spendeerde ik op het internet. Ik had toegang tot alle informatie die mijn hartje begeerde. Het werd een hobby. Ondanks het feit dat ik slechts zestien was, wist ik daardoor onderhand al meer dan een gemiddelde volwassene over voeding en sport. Ik las over alle superfoods uit verre landen, hoe slecht E-nummers waren voor onze gezondheid en hoeveel van de etenswaren die ik in het dagelijks leven altijd zo verantwoord had gevonden, dat blijkbaar niet waren. Een tosti scheen gelijk te staan aan het eten van een kroket en mijn favoriete middagsnack, die heerlijke crunchy muesli uit pak, was al helemaal de duivel op aarde met alle suikers en koolhydraten die het bevatte. Beetje bij beetje begon ik met het schrappen van voedingsmiddelen uit mijn normale eetpatroon. Het 'hielp' dat ik net aan het eerste jaar van de Hogeschool van Amsterdam begon, waardoor niemand echt op mij lette. Had ik dit in de aula van de middelbare gedaan, met vriendinnen en vrienden, dan hadden ze me waarschijnlijk keihard uitgelachen (en was het dus misschien ook wel nooit zover gekomen). De twee broodjes hagelslag waar ik elke ochtend mee ontbeet, werden ingeruild voor een kom havermout met ongezoete amandelmelk en banaan. Platgedrukte broodjes kaas en Nutella kwamen mijn tas niet meer in, in plaats daarvan had ik twee sneetjes speltbrood met hummus en verse groenten in een apart bakje mee. Snacks bestonden niet meer uit liga's en ontbijtkoek, maar uit stukjes wortel. Koolhydraten waren slecht als ik Google mocht geloven, al werkten te veel vetten ook niet mee. Van koolhydraatarm eten tot terug naar het dieet van onze voorouders met het paleodieet: als je alles wat je op het internet las toepaste, eindigde je met een leeg bord. Overal was wel iets slechts of juist goeds in te vinden. Zelfs de normale havermelk die ik had ingeruild voor de ongezoete versie bleek ik beter zelf thuis te kunnen maken vanwege de conserveringsmiddelen die het bevatte. Erg verwarrend, als je zestien jaar bent en je simpelweg gezond wil eten. Want wat ís gezond?

Eetproblemen komen in alle tijden, vormen en maten, maar wel opvallend is dat ze in de afgelopen jaren fors zijn toegenomen. Er zijn verschillende onderzoeken uitgevoerd naar de oorsprong van deze eetproblemen en de resultaten zijn behoorlijk schrikbarend. Zo blijkt de toenemende prestatiedruk een belangrijke oorzaak te zijn (Curran, Hill, 2019). Eten is namelijk een manier om de stress (op korte termijn) te vergeten. Voornamelijk in periodes waarin we het gevoel hebben uit balans te zijn of veel onzekerheden voelen, kan de controle op voeding dat voldane gevoel geven dat mist in het leven. Onderzoek (Holland, Tiggemann, 2016) suggereert tevens dat er een link bestaat tussen eetproblemen en fitgirls. Knappe koppen, fitte lijven en gezonde diëten. De constante blootstelling aan de door de maatschappij bestempelde perfecte lichamen, zorgt voor verwarring. Vooral omdat dit ideaalbeeld vaak onrealistisch is, maar het niet zo voelt. Social media geven ons, zoals we in een voorgaand hoofdstuk bespraken, het idee dat het dichtbij en echt is. Dat is dan ook, wanneer door de juiste online creators gebruikt, het mooie aan deze sociale platformen. Wat we alleen vergeten, is dat iedereen tegenwoordig toegang heeft tot FaceTune en Photoshop, en niet iedereen daar even verantwoord mee omgaat of goede bedoelingen mee heeft. Het gevolg? Een internet vol afslanktheeën, extreme diëten en heel veel (jonge) meiden die zich continu met een onhaalbaar beeld vergelijken. Dat dit voor problemen kan zorgen, kan ik als geen ander bevestigen.

Terwijl Instagram steeds populairder werd, leek er op hetzelfde platform een onlinebeweging genaamd fitgirls te ontstaan. Fitte, jonge meiden met een onwijze (online) passie voor sporten en voeding. Ik, onder de naam Running Lau, was er misschien zelf ook wel een, en met mijn hardloopfoto's en gezonde maaltijden bereikte ik al snel de 30.000 volgers. Elke run werd de lucht in geprezen. Hoe sneller of verder ik had gerend, hoe enthousiaster de reacties waren. Daarnaast ging Instagram los op

Na een hardloop-wedstrijd op vakantie in Spanje (2014)

Met Annemerel op persreis voor een hardloop-event in Disneyland Parijs (2016)

Fotoshoot voor Jogha, ik was hier op mijn magerst (2014)

mijn before- en afterfoto's. Van asportieveling naar iemand met keiharde buikspieren, de motiverende reacties van de volgers bewezen dat wat ik deed goed was. Instagram was mijn bijbel, iedereen bevestigde dat ik op het goede pad zat. Althans, in de online wereld.

Mijn doel was niet om af te vallen; ik had mezelf nooit als dik gezien. Een blokjesbuik en gezond zijn, dát was het enige wat ik wilde. Maar vanzelfsprekend ging mijn drastische verandering in levensstijl gepaard met een fysieke verandering. In plaats van zes mooie blokjes te krijgen werd ik dunner en dunner. In het begin was het vooral mijn moeder die het opviel, maar al snel begon mijn omgeving het ook op te merken. Het frustreerde me dat op een gegeven moment zelfs mijn directe vriendinnen me steeds magerder vonden, want wat wisten zij er nou van? Het klopte dat ik er niet meer zoals voorheen uitzag, ik had geen vetrolletjes meer als ik zat en er was zowaar een zichtbare lijn van mijn borstkas naar navel te zien. Maar dit was precies waar ik zo hard voor geknokt had! Ineens lette iedereen op wat ik at, waar ik ook mocht zijn: van vage kennissen die grapjes maakten als 'Eet je nog wel eens een Big Mac Lau?' tot oprecht bezorgde opmerkingen van mijn familie. Het hinderde me enorm. Waarom mocht ik niet gezond eten en doen wat goed was voor mijn lichaam? Volgens het internet was dat namelijk precies wat ik aan het doen was. Ik volgde alle richtlijnen, beheerste een stalen discipline en had me goed ingelezen. Ik had het gevoel dat iedereen om me heen was gehersenspoeld door de ongezonde maatschappij, behalve de veilige online wereld. Mijn millennialbrein had een virtuele werkelijkheid gecreeerd, met alleen ruimte voor online waarheden.

ORTHOREXIA

Ik voelde deze periode van mijn leven constant de neiging om mezelf te bewijzen naar de buitenwereld. Dat deed ik bijvoorbeeld door ongezonde dingen te eten in het bijzijn van anderen of grappen te maken over mijn knokige lijf. De lachers had ik op mijn hand, maar vanbinnen zat het niet lekker. Ik besloot zelfs hardop mede te delen dat ik probeerde aan te komen, tot geruststelling van mijn omgeving. Naar mijn mening had ik geen eetprobleem, omdat ik zag dat ik (te) dun was. Ik zag mezelf op geen enkel moment dik en kon duidelijk zien dat ik mager was. Meiden met een eetstoornis hebben een vertekend zelfbeeld, toch? Ik had dat niet, dus was er niets aan de hand. Ik wilde ook oprecht sterk worden, mooie vormen krijgen en vooral mijn omgeving laten ophouden met zich zorgen te maken. Maar wel op een gezonde manier.

En daar zat precies het probleem.

Hoewel ik vastbesloten was iets aan mijn gewicht te doen, had ik in mijn hoofd steeds meer categorieën voor gezonde en ongezonde voeding gecreëerd. Zo at ik niet meer dan twee boterhammen voor de lunch en een klein handje aardappelen bij het avondeten, omdat koolhydraten een slechte stempel hadden in mijn achterhoofd. Deze hoeveelheid kan prima zijn voor iemand op middelbare leeftijd die af wil vallen, maar houdt geen rekening met het feit dat ik een intensief sportende jongvolwassene was. Om op gezond gewicht te blijven, had ik minimaal het dubbele nodig. Ik kan me herinneren een broodje te bestellen en de bovenkant van het pistoletje eraf te halen en dat niet op te eten. Dat waren wederom te veel koolhydraten. Daarnaast was ik nog altijd actief bezig met mijn lichaam. Ik wilde graag meer billen en borsten, maar op mijn buik wilde ik geen kilo aankomen. Buikvet werd door het internet als de meest ongezonde vorm van vet bestempeld en de meiden op Instagram met zandloperfiguur waren mijn ideaalbeeld geworden. Dit zorgde ervoor dat ik elke paar kilo die ik aankwam er uiteindelijk altijd weer af werkte. De eerste plek waar ik die kilo's zag waren namelijk niet op mijn billen of borsten, maar bij mijn buik! Een sinaasappel op twee stokjes was niet bepaald het perfecte Instagram-plaatje dat ik in gedachten had. Het schrikte me af. Ik wilde zo graag gezond eten, maar geen sociale activiteiten missen. Lekker kunnen blijven rennen, zonder me mager en lelijk te voelen. Mijn gedachten waren constant in gevecht en er was geen positief einde in zicht.

Het groene kerstdiner van 2014

HET GROENE KERSTDINER

Het was 24 december 2014, kerstavond. Ik was inmiddels al een jaar flink bezig met mijn gezondheid en mijn voedingspatroon toen ik mijn ouders voorstelde om het jaarlijkse familiediner op me te nemen. Terugkijkend op die tijd was dit waarschijnlijk wederom de manier om controle te houden over een vrij ongezonde en dus spannende situatie, maar toen zag iedereen er nog de onschuld van in. Zelfs ik! Het leek me een uitstekend idee om op zoek te gaan naar verantwoorde, gezonde maar lekkere opties voor het kerstdiner. Urenlang struinde ik Pinterest af op zoek naar vega(n)recepten, en met succes. Binnen de kortste keren had ik drie gerechten verzameld, gemaakt door waarschijnlijk even oude pubers, die in mijn ogen allemaal voldeden aan mijn gezondheidseisen. Dit zou een succes worden. Fanatiek ging ik aan de slag terwijl mijn ouders hongerig aan tafel wachtten op het gezelligste diner van het jaar.

Vol verwachting zette ik het eerste gerecht op tafel, de spinaziesalade met geitenkaas. En, inderdaad: het bleek een succes te zijn. Ik kom uit een gezin waar we opgevoed zijn met veel groentes en een gevarieerde internationale keuken, dus een gezonde salade vond niemand vervelend. Maar toen ik voor het tweede gerecht weer een zak spinazie tevoorschijn haalde, kwamen de vragen. 'Wat eten we als hoofdgerecht, Lau?' hoorde ik al vallen, maar ik deed of ik doofstom was. Ik probeerde de moed erin te houden en beloofde ze dat het lekker zou worden, terwijl ik met het zweet op mijn voorhoofd in een pan spinazierisotto stond te roeren. Ineens kreeg ik door dat mijn ingrediëntenkeuze misschien niet zo heel handig was geweest, al helemaal niet voor een kerstdiner. Het gezond houden was een leuk idee geweest, maar zulke gezonde, gekke gerechten, zonder ze überhaupt van tevoren geprobeerd te hebben? Mijn puberende zusje van toen net veertien jaar oud begon al met een enig geïrriteerde toon te vragen om een broodje hamburger. Ze had honger en lustte geen spinazie. Steevast bleef ik in de pan risotto roeren, tot ineens het kwartje viel: ik had niet alleen voor het voor- en hoofdgerecht spinazie uitgekozen als hoofdingrediënt, zelfs het ijsje gemaakt van avocado en spinazie dat in de vriezer op ons te wachten lag was knalgroen!

Die avond eindigde in een krijsend zusje dat haar hamburger wilde, een moeilijk kijkende vader die zijn kokende kind niet wilde teleurstellen en dus maar gewoon doorat, en een moeder die als een boer met kiespijn de groene risotto maar bleef herkauwen terwijl ze herhaalde hoe lekker het wel allemaal niet was en hoe leuk het was dat ik dit toch op me had genomen. Het 'groene kerstdiner' is een waar begrip geworden in de familie Brijde en is nu een hilarische herinnering aan een iets minder leuke tijd.

DE OMSLAG

Ik balanceerde op het randje van orthorexia, zonder het te weten. Orthorexia is een niet officieel erkende eetstoornis, waarbij er een extreme obsessie is voor gezond eten. Vaak heeft het een psychische oorzaak, zoals perfectionisme, faalangst of de angst om controle te verliezen. Het ontstaat bijna altijd vanuit een onschuldige wens om gezonder te gaan leven, en met die wens is niets mis, totdat je er mentaal en fysiek onder gaat lijden. Hoe meer voedingsmiddelen je gaat uitsluiten omdat ze niet in jouw definitie van gezond passen, hoe groter de kans op ondergewicht en ondervoeding. Je sluit je steeds vaker af van sociale activiteiten in de angst iets te moeten eten wat niet in jouw categorie van gezond valt. Je eet steeds minder, bent bang om iets wat niet voedzaam is in je lichaam te stoppen. Het lastige is dat iemand met orthorexia zelf vaak niet doorheeft dat hij of zij op het verkeerde pad zit. Je doet het immers toch voor je gezondheid, niet per se voor je uiterlijk? Dat is precies waar het gevaar zit. Gezondheid zit hem niet alleen in voeding, maar in je mentale staat van welzijn. Hoe gezond je lichaam ook is, je kunt je brein niet zomaar even uitzetten. Een ongezonde mindset draag je dag en nacht met je mee. Het is altijd daar met jou, dag in, dag uit. Door dik en dun.

Omdat het nog geen erkende ziekte is, is een diagnose stellen soms lastig. Dr. Bratman, auteur van het boek *Health Food Junkies* (2004) en expert op het gebied van orthorexia nervosa, heeft daarom een lijst gepubliceerd met symptomen die kunnen betekenen dat je orthorexia aan het ontwikkelen bent:

- Je besteedt zo veel tijd aan voedingskeuzes en maaltijdbereidingen, dat het botst met andere levensdimensies, zoals liefde, creativiteit, familie, vriendschap, werk en school.
- Bij het eten van minder kwalitatief voedsel voel je je direct ongezond, nerveus of schuldig.
- Voor sommige gelegenheden wil je jezelf minder goed voedsel gunnen, maar dat lukt je niet.
- Je sluit steeds meer voedingsmiddelen uit om een gezonde levensstijl te kunnen garanderen.
- Door jouw gezonde theorie ben je meer gewicht verloren dan anderen als goed zouden bestempelen en dat heeft in sommige gevallen zelfs geleid tot haaruitval, uitgebleven menstruatie of huidproblemen.

Mijn magere, gezonde bestaan kwakkelde zo een jaar of twee door, tot ik toe was aan een echte verandering. In 2015 leek ik de manier gevonden te hebben, door met de hulp van een online dieetprogramma en coach geleidelijk aan te komen. Was dit een succes? Ja! Ik werd op een voedingsplan gezet en kreeg een specifiek trainingsschema aangeboden. In enkele maanden tijd kwam ik vijf kilo aan en had ik behoorlijk wat spiermassa gewonnen. Ik zag er vanbuiten fit en gespierd uit, dun, maar gespierd. Op Instagram viel dit uiteraard weer onwijs in de smaak. De fitte foto's maakten dat ik binnen de kortste keren zelfs de 65.000 volgers behaalde. Met mijn omgekeerde before- en afterverhaal wilde ik anderen in dezelfde situatie inspireren en dat gebeurde. Mocht je me al lange tijd op mijn blog volgen, dan zul je deze transformatieverhalen geheid gehoord hebben. Met ongeloof lees ik de blogs die ik toen schreef terug. Was ik er dan echt van overtuigd dat ik een gezonde balans had gevonden? In plaats van het probleem aan te pakken – mijn controle over voeding – had ik het probleem slechts verschoven. Exact dezelfde controle die ik over me-

Krachttraining voor spiermassa in de Changing Life Hub (2016)

De before & after... Van te mager naar spieropbouw

zelf had, had ik nu namelijk overgedragen aan het programma, dat mij precies vertelde wat ik moest eten en doen. Alles wat buiten dit programma viel, zoals etentjes met vriendinnen of spontane tankstationsnacks, zorgden nog steeds voor lichte paniek. Vanbuiten zag ik er weliswaar gezond en sterk uit, maar vanbinnen was het nog steeds een zooitje.

De controle willen hebben is iets waar velen (misschien onbewust) mee worstelen. Het kan zijn dat externe factoren hiervoor gezorgd hebben. Zo hebben sommigen controle nodig omdat ze in een omgeving opgroeiden met heel weinig controle. Hoewel je als volwassene misschien niet meer in dezelfde chaos en inconsistentie leeft, blijft die behoefte aan stabiliteit wel. Controle maakt dat we ons als volwassene stabiel en krachtig voelen, iets wat als kind misschien nooit is ervaren en zich dus uit in een zoektocht naar controle. Bij anderen is de drang naar controle meer afhankelijk van interne factoren. Want wat als er verder niets opmerkelijks is gebeurd in je jongere jaren? Als je, net als ik, een prima jeugd hebt gehad? Dan is perfectionisme al snel het antwoord. Typisch is dat ik van mezelf altijd al heb geweten dat ik redelijk perfectionistisch ben aangelegd, maar nooit eerder had ik dit aan deze controle over voeding en sporten gelinkt. In mijn ogen was dit – te dun zijn – namelijk allesbehalve perfect. Het paste niet bij een perfectionist. Maar het ging deze keer niet om perfectie, het ging om mijn gezondheid. Ik wilde mezelf beschermen door gezonde keuzes te maken, maar bereikte er uiteindelijk het tegenovergestelde mee.

De verandering begon met bewustwording. Want, wat was het ergste wat kon gebeuren als ik afstand deed van mijn gezonde regime? Door mij te omringen met mensen die totaal niet gaven om gezonde voeding en alsnog prima leken te functioneren, kreeg ik daar mijn antwoord op. Ik zag niet alleen dat zij niet opeens dood neervielen door minder met eten bezig te zijn, maar ook dat het leven veel leuker kon zijn. Het maakte dat ik zelfs op den duur meedeed en spontaan een vette hap na het uitgaan haalde of weer een zak chips leegat als ik daar trek in had. Natuurlijk voelde dit in het begin onwennig en ging het soms gepaard met een schuldgevoel, maar al snel merkte ik dat die kleine verwenmomentjes niets deden. Ik voelde me niet ineens ziek, kwam niet ineens een paar kilo aan en de wereld draaide nog gewoon door. Tijdens mijn studietijd in Spanje leerde ik de eerste stapjes te zetten naar een normaler, minder obsessief eetpatroon, dankzij mijn losbandige medestudenten die werkelijk geen drol gaven om wat ze in hun mond stopten. Mensen die aan een gezonde levensstijl willen beginnen, wordt vaak aangeraden om zich te omringen met hen die ook geïnteresseerd zijn in sport en voeding. Dat werkt aanstekelijk. Zo werkt het ook andersom. Ik werd ineens omringd door mensen die niets om diëten of sport gaven en vond het daarom zelf ook steeds iets makkelijker om het los te laten. Ik nam vaker een ijsje, durfde lekkere broodjes te eten en kon weer genieten van een spontane tapasavond. Rond diezelfde tijd leerde ik mijn huidige vriend kennen, die de druppel was die de emmer deed overlopen. Tijdens de eerste maanden van onze relatie was ik compleet overweldigd door zijn slechte dieet, na een jaar ging ik daar zelfs een tijd in mee. Onlogisch misschien, maar het werkte. Ik moest het tegenovergestelde, het extreme ervaren, om een middenweg te vinden.

Vergeet niet dat je maanden of misschien zelfs jaren tijd en energie hebt gestoken in het opbouwen van een muur van controle, om je veilig en gestructureerd te voelen. Verwacht ook niet dat je die muur van de ene op de andere dag kunt afbreken. Het gaat steen voor steen. Zoek hulp van een professional als je doorhebt dat het de verkeerde kant op gaat en licht ook de mensen in je buurt in. Door aan te geven dat je het spannend vindt om je 'gezonde' patronen te doorbreken, kunnen ze hier juist op inspelen in plaats van je af te schrikken. Nogmaals: een eetprobleem hoeft niet per se fysiek zichtbaar te zijn. Merk je dat je je steeds vaker afsluit van sociale activiteiten of paniek ervaart als je iets moet eten wat niet in jouw definitie van gezond valt, zoek dan hulp. Het is niets om je voor te schamen.

BALANS

Het valt me de laatste tijd op dat de meeste vragen die ik krijg gaan over het vinden van balans. Of het nou gaat om een sociale balans, een werkbalans, een voedingsbalans of sportbalans: wij millennials, en ik denk de mens in het algemeen, zijn er gek op. Als alles in balans zou zijn, dán zouden we ons pas echt gelukkig voelen. Is dat niet het geval, dan grijpen we allemaal in paniek naar zelfhulpboeken en cursussen die deze balans beloven. Hoe houd je een balans tussen gezond leven en sporten? Hoe vind je de balans tussen werk en privé? Waar ligt de balans tussen zelfverzekerdheid en arrogantie? Persoonlijk ben ik van mening dat er geen complete balans bestaat. Die zoektocht naar balans maakt vaak dat we uiteindelijk nog meer uit balans raken dan we al zijn.

Grote kans dat je de video voorbij hebt zien komen. Een serieuze zakenman doet een interview met BBC vanuit zijn werkkamer, terwijl de deur achter hem ineens langzaam openschuift. Op het Skype-schermpje zie je zijn vierjarige dochter en babyzoontje (rijdend in een kleurrijk wagentje op wieltjes en al) in volle vaart de kamer in komen stormen, duidelijk enthousiast over het feit dat ze hun vader hebben gevonden. De zakenman ziet het vanaf zijn eigen webcambeeld gebeuren, maar probeert het tevergeefs te negeren en zijn interview voort te zetten. Het is een grappige maar vooral tenenkrommende situatie. Denkend dat het niet gênanter kan, schiet niet veel later zijn verwilderde vrouw de kamer in met regelrechte ninjamoves, die met een horroruitdrukking haar twee kinderen van de nationale televisie probeert te halen. De video ging viral en de zakenman genaamd Robert zakte voor een miljoenenpubliek door zijn stoel van schaamte.

Robert is het perfecte voorbeeld van die zogenaamde werk-privébalans. Ik mag dan wel geen kinderen hebben, maar ik kan me in zekere mate voorstellen hoe Robert zich voelt. Op papier kunnen we vrij duidelijk bepalen hoe we onze tijd willen verdelen, maar het echte leven heeft altijd verrassingen in petto. Robert werkt in de video duidelijk vanuit huis, misschien om meer tijd met de kinderen door te brengen. Dat klinkt als de perfecte werk-privébalans, maar die wordt mooi verstoord zodra zijn kinderen hem tijdens een belangrijk interview besluiten te terroriseren. Wie zegt dat al je aandacht perfect verdeeld moet zijn in het leven? Het balansgedeelte kan ook verwijzen naar het constant balanceren, het heen en weer wiebelen en soms iets te veel naar één kant vallen, om vervolgens weer terug te veren. De momenten dat we te veel opgaan in ons werk en ons sociale leven iets verwaarlozen, maakt dat we die vriendschappen weer extra waarderen wanneer we tijd hebben. De ongezonde, vreetzuchtige dagen maken de gezonde weer extra uitdagend en leuk. Natuurlijk is het belangrijk goed voor jezelf te zorgen en aan je voedingswaarden te komen, maar hoe belangrijk is het om rust te ervaren en te kunnen genieten van wat je eet zonder alweer aan de volgende maaltijd te denken?

Ik sport vandaag de dag wanneer ik wil, eet wat ik wil en eten buitenshuis is een van mijn favoriete bezigheden geworden. Eten doe ik op gevoel. Het betekent dat ik nadenk over mijn eetkeuzes en mijn verstand erbij probeer te houden, maar niet focus op calorieën of hoeveelheid. Ik heb geen spijt van mijn obsessievere periodes en denk zelfs dat het in zekere zin menselijk is. Omdat we soms nét even een stapje te ver gaan, weten we hoeveel stapjes we terug moeten nemen om weer op het juiste pad te komen. Ik vond mijn balans door compleet uit balans gerukt te worden

Mijn geluk kon niet meer op na het lopen van een persoonlijk record tijdens de halve marathon van Taipei, Taiwan. Ik had mijn lol in het sporten weer terug! (2018)

en vervolgens ergens in het midden te blijven balanceren.

Balans is wat mij betreft uit balans zijn, en daar helemaal oké mee zijn.

INSTAGRAM-SCHOONHEID

Diep onder de indruk bekijk ik het account van een prachtig stelletje dat zojuist in mijn Instagram-tijdlijn omhoogkwam. Alle hashtags nog aan toe, wat zijn deze twee mensen perfect, gaat er door mijn hoofd. Mijn oog valt al snel op de getinte *Bali goddess* van de twee. Perfecte jukbeenderen, volle lippen, grote ogen, een slank maar gevormd lichaam. Zij is alles wat vandaag de dag als mooi wordt beschouwd, alles wat ík als mooi zie. Onbewust begin ik te vergelijken. Als ik nou een zandloperfiguur had gehad, of mijn lippen net iets voller waren... Nee, doe normaal, Lau! Ik betrap me voor de zoveelste keer op deze gedachtes en wuif ze beschaamd weg. Ronduit belachelijk vind ik het, dat ik mij hierdoor laat beïnvloeden. Iets waarvan ik bovendien weet dat er waarschijnlijk tientallen foto's aan vooraf zijn gegaan, in goed licht, met een likje bewerking! En al is dat niet het geval: waarom jaloers worden op zoiets als uiterlijk, iets wat het lot (en goede genen) bepaalt? Ook weet ik donders goed dat geluk hem niet zit in iemands uiterlijk en dat het al helemaal niets zegt over de levenskwaliteit van diegene. Waarom laat ik me dan toch beïnvloeden?

Het huidige (Instagram-)ideaalbeeld dat ik heb, en met mij vele anderen, is niet van de een op de andere dag ontstaan. Het is een gevolg van blootstelling aan jarenlange trends die keer op keer herhaald worden, tot we niet anders meer gewend zijn. Neem het korset bijvoorbeeld, dat eeuwenlang niet weg te denken was uit de vrouwelijke kledingkast. Gecreeerd om vrouwelijke vormen te accentueren, begon deze trend heel wat eeuwen terug bij koninklijke families en werd uiteindelijk door de gewone bevolking overgenomen. Toen vrouwen genoodzaakt werden om lichamelijk werk te verrichten tijdens de Eerste Wereldoorlog, werden de oncomfortabele en onhandige korsetten ingeruild voor kleine bustehouders, die niet alleen steun maar ook gebruiksgemak boden. Dit gaf ze niet alleen meer bewegingsruimte, maar creëerde een heel nieuwe trend: de bh's. Deze trend was in eerste instantie puur door comfort en gemak ontstaan. Maar daar kwam met de komst van tijdschriften en advertenties al snel verandering in. De bh's, zoals we die vandaag kennen, kregen steeds meer roem en dus ook steeds meer vraag vanuit het gewone volk. Gevolg? Het ideaalbeeld van een wespentaille verschoof en de nadruk werd gelegd op smallere, licht geaccentueerde heupen en gelifte borsten.

Trends kunnen tof zijn, maar dat is lang niet altijd het geval. Een minder praktische en moeilijk te geloven trend is bijvoorbeeld die van de huisvrouwen in de jaren vijftig. Er bestond destijds een zogeheten *The Good Wife Guide*, waarin vrouwen aan belachelijke standaarden moesten voldoen. Zo werd hun aangeraden om voor thuiskomst van de man even rust te nemen van hun huishoudtaken om fris en vrolijk over te komen, hun make-up bij te werken en ze met een verwarmende glimlach op te wachten. Vanzelfsprekend kwam dit op een gegeven moment tot een eind, toen de volgende generatie zich niet kon identificeren met dit absurd gepolijste ideaalbeeld. Deze nieuwe generatie was opgegroeid in een andere omgeving en vond het huisvrouwenleven maar suf. Jonge vrouwen kwamen in protest, op de beste manier mogelijk: door zich anders dan de standaard te kleden. Er ontstonden subculturen van rockers en zogeheten *mods*, die schoonheid en vrouwelijkheid weer een heel andere definitie gaven.

Nu we onze kleding niet meer puur en alleen om comfort en handigheid maken, kunnen we veel extremer te werk gaan. We slaan dan ook gewoonlijk even door in een trend en gaan tot het uiterste, tot er weer een gebeurtenis of tegenstroming komt die een nieuwe trend in het leven roept. Er is vraag naar een bepaald item, een kleine groep mensen reageert op die vraag en er ontstaat een trend, waarna langzaam maar zeker de bevolking zich aanpast. Meestal komt er een punt waarin we tot in het extreme opgaan in die nieuwe trend, tot er weer iemand anders opstaat die protesteert tegen de trend en onbewust een nieuwe trend begint. Trends zijn niet voor niets trends: ze komen en gaan.

Laat ik een iets moderner voorbeeld geven. Jaren terug zagen we de eerste *dad sneakers* voorbijkomen op de catwalk en bij influencers. De 'gewone' bevolking was in shock, wie zou er ooit zoiets lelijks te dragen! Inmiddels loopt iedereen op de grote witte bakbeesten en ben je cool als ze ook hebt. Zolen worden dikker, schoenen worden extremer.

Onze samenleving wordt niet alleen beheerst door bepaalde modetrends, we gaan zelfs zo ver dat we een bepaald lichaam nastreven. Hier betreden we een grijs gebied, want tot hoe ver blijven trends leuk als het gaat om iets wat de natuur bepaalt? Het ideaalbeeld dat we vandaag hebben, is niet het ideaalbeeld van gisteren. De afgelopen jaren neemt het Instagram-ideaal de plastische chirurgie wereld over. Het draait allemaal om enorme billen, brede heupen en smalle tailles. Maar we houden het deze keer niet alleen bij ons lichaam. Volle, dikke lippen en rimpelvrije huidjes zijn ons nieuwe ideaalbeeld.

Met de komst van het internet kwam niet veel later de komst van social media. De foto's die we maakten, konden we nu ineens delen met anderen, onbekenden. Selfies werden een begrip en als een onmisbaar gevolg worden we ons beetje bij beetje bewuster van ons (online) uiterlijk. Vervolgens kwamen de filters, die ons in elk licht een stuk knapper lieten lijken. Maar daar bleef het niet bij. Influencers, en dan vooral de beauty-influencers, hebben voor een enorme shift gezorgd. En gek is het niet. Hoe meer volgers, hoe meer producten de instagrammers opgestuurd kregen, hoe meer make-up ze hadden om te promoten en of te proberen. Met als gevolg extreme hoeveelheden make-up, gefotografeerd met een enorm ringlicht én vaak ook nog gefotoshopt. Hoe meer filters en fotoshop we zien of gebruiken, hoe meer we ons zelfbeeld verdraaien. Maakt iemand anders een spontane foto van ons of staan we in verkeerd licht, dan vinden we onszelf ineens lelijk. Dat zijn wij niet, zo zien we er niet uit! Het #instaperfecttijdperk is ontstaan. Er zijn meiden die met een gefotoshopte foto of Snapchatfilter op de plastische chirurg afstappen, de foto's die te vinden zijn op hun Instagram, en zeggen: 'Dit wil ik zijn. Kan jij dit van mij maken?' Het is wat mij betreft een van de gevaarlijkste trends in eeuwen, omdat deze trend niet alleen ons uiterlijk tijdelijk, maar vaak zelfs permanent aantast. We gaan zo op in wat nu in en mooi is, dat we vergeten dat het over een paar jaar weer allemaal anders zal zijn. Betekent dit dat ik antimake-up of anti plastische chirurgie ben? Absoluut niet. Je zult me negen van de tien keer met make-up aantreffen, ik vind het te gek om te zien hoe iedereen zich anders uit en als dat via make-up of een spuitje hier of daar is, geweldig. Maar laat je niet ophitsen door tijdelijke trends, al helemaal niet wanneer het permanente veranderingen met zich meebrengt. Denk er altijd goed over na en neem geen impulsieve beslissingen, want wat nu in is, is over een paar jaar uit.

Het mooie aan dit Instagram-tijdperk is dat we niet meer alleen afhankelijk zijn van wat de media ons laten zien. We kiezen in zekere zin zelf voor wat we willen zien en delen. Honderden, duizenden kleinere tegenstromingen bieden tegenwoordig herkenning voor iedereen. Grote of kleine borsten, brede of smalle taille, veel of geen make-up: er is altijd een groepje waar jij je in kunt vinden. Heb je het gevoel dat je niet voldoet aan het ideaalbeeld en dat je constant onder druk staat? Misschien volg je dan de verkeerde mensen. Spit alle accounts eens goed door en ga na welke accounts je een goed gevoel geven en andersom: welke accounts je juist een vervelend gevoel bezorgen. Het is tof om met de trends mee te gaan zolang jij je er goed bij voelt, maar het is ook oké om niet mee te doen. Het leren begrijpen van de constant veranderende trends kan helpen met het accepteren van eventuele onzekerheden. Heb je geen zandloperfiguur, ronde, gevulde billen en volle lippen? Dan was je een generatie terug waarschijnlijk weer helemaal in geweest. Altijd willen voldoen aan de schoonheidsidealen van het moment is een oneindige zoektocht naar perfectie.

HET IMPOSTERSYNDROOM

Amerikaanse schrijfster en poëet Maya Angelou wordt geprezen als een van belangrijkste stemmen van de Amerikaanse literatuur. Ze schreef elf boeken, creëerde toneelstukken, produceerde, regisseerde en trad zelfs op als actrice en zangeres.

Albert Einstein is een van de belangrijkste wetenschappers uit de historie. Einstein deed geweldige theoretische en experimentele ontdekkingen. Zijn werk is van onschatbare waarde geweest in de natuurkunde.

De Nederlandse online creator Laura Brijde is de schrijfster van het boek *Life Goals* en baasje van harige kater Lynn. Een van haar belangrijkste experimentele ontdekkingen is de bereiding van een diepvriespizza in de magnetron en pan geweest.

Wat hebben deze drie gemeen?

Qua roem en intelligentie zitten ze misschien niet allemaal op hetzelfde niveau (was het maar zo'n feest). Toch is er nog iets wat deze drie personen, en heel veel van ons vandaag de dag, verbindt met elkaar. Iets minder bekends, maar veel vaker voorkomend:

Het impostersyndroom.

Albert Einstein omschreef zichzelf als een *involuntary swindler*, in het Nederlands een onvrijwillige oplichter. Hij vond dat zijn werk helemaal niet zo veel aandacht verdiende als dat het kreeg. Ook Maya Angelou vond dat ze al haar prestaties niet daadwerkelijk verdiende. Ze schreef dat ze zelfs na het publiceren van elf boeken, bij elk boek weer bang was dat mensen zouden ontdekken dat ze eigenlijk niet zo slim was als van haar werd gedacht. Nu zitten we zelden op het intelligentieniveau van Albert Einstein of hebben we zelden de schrijfkunsten van Maya Angelou, maar dat gevoel van oplichting dat deze twee genieën ervaarden, is helemaal niet zo zeldzaam als je zou denken.

Creatief zijn begon voor mij als een hobby. Een hobby voornamelijk bestaand uit mangatekeningen, het schrijven van mijn eigen verhalen en websites maken. In 2012 voegde ik een beetje van al deze hobby's samen en creëerde ik mijn weblog. Hoewel het op dat moment misschien allemaal iets serieuzer begon te worden, was het nog steeds puur en alleen een fijne bezigheid in mijn vrije tijd. Maar dingen veranderden en van het ene op het andere moment werd die hobby een serieus beroep. Een bedrijfje zelfs. Dat is natuurlijk te gek, maar al snel kwam het met gevoelens van schuld of zelfs een klein beetje schaamte. Nooit heb ik namelijk iets in de journalistiek of kunst gestudeerd, dus het feit dat ik nu geld verdiende met mijn teksten en creativiteit, voelde als een fraude. Ik had het gevoel dat er ieder moment iemand op de deur zou kunnen kloppen en zou zeggen: 'Het is leuk geweest, maar nu is het tijd voor een echte baan, Lau!'

Misschien ben je als je dit leest per definitie succesvol. Je hebt een leuke baan en hebt het allemaal prima voor elkaar. Althans, dat is wat je de buitenwereld wil laten geloven. Of je nou voor jezelf of voor een baas werkt of zelfs helemaal niet werkt, diep vanbinnen heb je het gevoel niet genoeg te zijn. Dit is gek, want om jou heen zien ze je als iemand met wel degelijk goede capaciteiten. Jij daarentegen denkt elk moment betrapt te kunnen worden. Je voelt je als een toneelspeler die de rol van slimme, geschikte werknemer opneemt, terwijl je in werkelijkheid maar wat aanklooit. Mocht je een leuke baan of goede studie op zak hebben, dan zijn 'Ik heb gewoon geluk gehad' of 'Als ik het kan, kan iedereen het' zinnen die misschien regelmatig uit jouw mond zijn komen rollen. Je wijt jouw succes aan geluk of de juiste timing en wimpelt maar al te graag iemands complimentjes af.

Ook kan het zijn dat je volgens jou helemaal niets groots of speciaals hebt bereikt. Aan ideeën ontbreekt het je echter niet. In je hoofd heb je bijvoorbeeld al tig keren gedroomd over dat ene boek dat je wilt schrijven of die cursus die je wilt oppakken. En toch ben je nooit écht zover gekomen, omdat je ervan overtuigd bent dat dit niet voor jou is weggelegd. Je bent niet creatief genoeg voor het schrijven van een boek, niet slim genoeg voor het volgen van die cursus. Je let op de kleinste details en kritiek krijgen is zo'n beetje het ergste wat er kan gebeuren. Niet omdat je er niet voor openstaat; als het aan jou ligt heb je zelfs liever dat er altijd iemand is die jouw fouten verbetert. Nee, het is de messteek in je buik die je voelt als de onzekerheden die jij voelde bevestigd worden. Dit hoeft niet alleen op werkniveau te zijn. *Imposterism* komt voor in je vriendenkring, in je sociale leven, misschien zelfs in de band met je familie. Een veelvoorkomend gevoel is bijvoorbeeld dat nieuwbakken moeders denken dat ze het verkeerd doen. Dat ze eigenlijk geen idee hebben hoe ze een goede moeder moeten zijn en daardoor de schijn ophouden naar de buitenwereld toe. Maar het hoeft niet altijd zo extreem te zijn. Imposterism kan zich ook uiten tijdens het geven van die enge presentatie, of het praten voor een grote groep.

Klinkt dit herkenbaar? Voor mij wel. Zodra iemand vraagt hoe het kan dat ik geld verdien met wat ik doe, roep ik vrijwel direct: 'Ik ben gewoon op het juiste moment begonnen.' Als iemand mij een compliment geeft over mijn vloeiende Spaans roep ik binnen de kortste keren dat ik nog genoeg fouten maak en zelfs als iemand zegt dat ik er fit uitzie op Instagram reageer ik direct dat het aan de juiste pose en goed licht te danken is.

Ik ben niet alleen, jij bent niet alleen. Maar liefst 70 procent van alle vrouwen ervaart imposterism, samen met iets meer dan 50 procent van de mannen. Dat betekent dat aan die tafel op je werk meer dan de helft het gevoel heeft er niet helemaal bij te horen! Mocht je denken: dit klinkt niet herkenbaar, dan wil ik je vragen nog eens goed naar je gedrag te kijken. Imposterism wordt vaak namelijk verborgen door verschillende laagjes van onzekerheden, perfectionisme, overwerken of uitstelgedrag. Imposterism is weer anders dan het hebben van onzekerheden. Onzekerheden kunnen normaal gesproken weggehaald worden door dingen te bereiken: je bent bijvoorbeeld onzeker over het sollicitatiegesprek dat je gehad hebt, maar eenmaal aangenomen zijn die onzekerheden weg. Bij imposterism worden je onzekerheden juist bij meer succes erger: op je sollicitatiegesprek voelde je al dat je niet geschikt was, maar nu ze je hebben aangenomen heb je nog erger het gevoel dat je het niet verdient hier te zitten, dat je de boel aan het oplichten bent.

Er wordt op verschillende manieren naar dit fenomeen gerefereerd: *imposter fenomenon*, *imposter experience* of het *imposter syndrom*. Het is dan ook geen officiële diagnose, maar eerder een verzameling van eigenschappen die bij zowel mannen als vrouwen voorkomen. Imposterism is geen ziekte of iets abnormaals en evenmin hoeft het gelinkt te zijn aan depressies, angst of een laag zelfbeeld. Opvallend is dat hoe succesvoller je in je baan, hobby of sport bent, hoe groter de kans is op dit gevoel van onkunde. Hoe geweldig we het ook doen op het werk, hoeveel licenties, diploma's en of complimentjes iemand ook binnenhaalt, het gevoel om ontmaskerd te worden blijft aanwezig. Maar waarom? Waarom hebben we zo vaak het gevoel dat we niet goed genoeg zijn, of dat onze ideeën en vaardigheden de aandacht niet verdienen? Pauline Rose Clance was de eerste psycholoog die dit fenomeen bestudeerde (1978). Ze kwam erachter dat wij mensen vaak geneigd zijn te denken dat anderen dezelfde vaardigheden en kunde hebben als wij. Als we daarom iets bereiken, zoals een bepaalde functie op het werk of een promotie, hebben we het gevoel dat we dit niet meer verdienen dan onze collega's en daarom dus in zekere zin er geen recht op hebben.

Imposterism gaat gepaard met een ander fenomeen genaamd *pluralistic ignorance*, waar we altijd denken de enige te zijn met onzekere gedachtes. Dit komt omdat we hier zelden hardop over praten, wat juist die spiraal vol onzekerheden weer voortzet. Het lijkt daarom vrijwel altijd dat voor de mensen om ons heen de weg naar hun succes makkelijk of vlekkeloos verloopt. Het feit dat jij er moeite mee hebt en al drie keer op je snuit bent gevallen, maakt dus dat je denkt dat jij niet zo goed bent als iemand anders die hetzelfde doet. Neem als voorbeeld onze Queen B, oftewel: Beyoncé. Haar optreden op Coachella in 2018 was een van de beste optredens die ze ooit gegeven heeft. Het is aanlokkelijk om tijdens het zien van die show te denken: wauw, wat danst ze toch goed en makkelijk. Wat je niet ziet is dat die show van vijf minuten haar 115 dagen bloed, zweet en tranen heeft gekost (aanrader: de documentaire *Homecoming* (2019)). Dat ze al die dagen niet alleen een geweldige zangeres moest zijn, maar ook een moeder van twee pasgeboren baby's en *artistic director* van de show. Iets wat ongetwijfeld met heel veel momenten van frustratie en wanhoop gepaard ging. En dat vergeten we vaak, wanneer we naar het succes van een ander kijken en gefrustreerd raken als het ons niet zo makkelijk af lijkt te gaan.

Het impostersyndroom werd door dr. Valery Young in verschillende categorieën opgedeeld, waar dr. Jessamy Hibberd in haar boek *The Impos-*

ter Cure (2019) dieper op ingaat: de perfectionist, de natuurlijke genius, de alleenstaander, de expert en de supervrouw of -man. De kans is groot dat je jezelf herkent in minimaal één van die soorten, of zelfs in meerdere tegelijk.

- De perfectionist

Als perfectionist wil je alles goed doen. Doe je dat niet, dan voelt het 100 procent als falen van jouw kant.

- Het natuurlijke genie

Als natuurlijk genie denk je dat je het altijd goed moet hebben, zonder moeite. De kans is groot dat jij op school een van de slimmere kinderen was en weinig werk hoefde te verrichten om te slagen. Dit verandert als je ineens in de echte wereld terechtkomt en je je realiseert dat er heel veel dingen zijn waar je het antwoord nog niet op weet. Omdat je het niet direct makkelijk vindt, zoals vroeger op school, voel je je toch niet zo slim als je dacht dat je was.

- De alleenstaander

Als alleenstaander denk je dat je alles zelf moet doen om het ook echt mee te laten tellen. Dingen bereikt in een team worden door jou niet als succesvol gezien, omdat je het niet zelf bereikt hebt.

- De expert

Als expert heb je het gevoel dat jij alles moet weten voor je ergens aan kan beginnen. Je hebt dus vaak het gevoel dat je nog niet vaardig genoeg bent voordat je start. Doe je het niet in één poging perfect, dan denk je dat je het nooit goed zult kunnen.

- De supervrouw/-man

Als ultieme perfectionist, de supervrouw of -man, heb je het gevoel dat elke categorie in je leven op rolletjes moet lopen. Je moet perfect zijn, op elk mogelijk vlak. Lukt dat niet, door bijvoorbeeld een schommelende relatie, dan voel je je als een imposter.

Tegenwoordig wordt het impostersyndroom makkelijker dan ooit geprikkeld. Een blik op Instagram en je krijgt al direct een huwelijksaanzoek, twee zwangere buiken en drie vers ingerichte huizen voorgeschoteld. Daar zit je dan, in je huurappartementje op vijfhoog omringd door halfdronken studenten en oude meubels (ik spreek voor mezelf). Het lijkt alsof ze huizen en baby's gratis uitdelen en jij de laatste in de rij bent.

Nu heb ik goed en slecht nieuws voor je. Het slechte nieuws is dat er geen geneesmiddel bestaat voor het imposterism. Het goede nieuws daarentegen is dat je er wel mee kunt leren omgaan en het zelfs sterk kunt verminderen. Het onderzoek van de eerdergenoemde Pauline Rose Clance wees onder andere uit dat alleen al het besef dat er een naam is voor dit gevoel van onkunde, het in zekere mate kan wegnemen. Het feit dat je je een imposter voelt, betekent niet dat je er één bent. Denk er eens over na: als we allemaal het gevoel hebben onze plek op deze wereld of in de maatschappij niet te verdienen, en allemaal zouden eindigen waar we denken te horen eindigen, dan zouden er dus überhaupt geen succesvolle mensen meer zijn om onszelf mee te vergelijken.

De volgende keer dat het stemmetje genaamd *Mr. Imposterism* je weer wijsmaakt dat je niet goed genoeg bent, denk dan even terug aan dit stukje in het boek en snoer hem dan maar gauw de mond. Je bent de eerste en de laatste niet. En als je staat waar je staat, dan moet je toch blijkbaar iets goed doen. Het leven is geen race en iedereen heeft last van onzekerheden, ongeacht je niveau, inkomen of afkomst. Ga zo door!

OMGAAN MET JALOEZIE

Over het algemeen beschouw ik mezelf als iemand met een redelijke zelfkennis. Ik weet waar mijn eigen valkuilen liggen, probeer altijd genoeg me-time in te lassen om niet overprikkeld te raken en heb inmiddels vrede met een sporadische emotionele bui. En toch is er één emotie die zo nu en dan op komt borrelen, de enige emotie waar ik niet omheen kan en die me elke keer weer met een enorme knoop in de maag achterlaat: jaloezie.

Jaloezie komt in alle soorten en maten. Zo heb je relatiejaloezie, waarbij je bang bent dat je partner je gaat verlaten of je ontrouw zal zijn. Met statusjaloezie ben je jaloers op de positie of status van bijvoorbeeld je baas of een bekendheid. We hebben uiterlijkjaloezie, waarbij je continu de uiterlijke kenmerken van een ander vergelijkt met die van jou. Ook kun je jaloers zijn op iemands bezittingen, intelligentie, sociale vaardigheden, en zo kunnen we nog wel een pagina lang doorgaan. De kans is groot dat je minstens een enkele vorm van bovenstaande jaloezieën herkent of misschien zelfs wel voelt op dit exacte moment.

Voordat ik begon aan dit hoofdstuk heb ik mezelf, mijn gedrag en mijn gedachtes onder een vergrootglas gelegd. Ik was ervan overtuigd dat ik niet jaloers was aangelegd en zelden echte hierbij horende emoties voelde. Toch kwam ik algauw tot de verrassende maar tegenvallende ontdekking dat ik vaker jaloerse gevoelens bleek te hebben dan gedacht. Jaloezie hoeft zich namelijk niet per se te uiten in iets wat je zegt of denkt. Integendeel, het uit zich juist vaak op een heel andere manier. Zo kan jaloezie gedekt worden door emoties als frustratie, verlegenheid, angst, boosheid of zelfs het geven van kritiek en roddelen. Ik raakte meer dan eens gefrustreerd als ik zag dat mijn collega's veel meer hadden bereikt dan ik, en dan ook nog eens in kortere tijd. Daar hebben we hem al: mijn frustratie was verstopte jaloezie. Andersom kan het zich ook uiten in kritiek of zelfs gemene opmerkingen. Als voorbeeld gebruik ik een berichtje dat ik recent in mijn Instagram-inbox ontving van een anoniem persoon. In dat berichtje werd ik op onaardige wijze keer op keer mager en lelijk genoemd.

Het feit dat mijn blogcollega een leuke opdracht had binnengehaald, maakte mij niet jaloers, evenmin als dat mijn dunne benen de anonieme persoon die mij een berichtje stuurde jaloers maakt. In werkelijkheid zit het net wat ingewikkelder, waardoor we onze gevoelens logischerwijs liever negeren of op een andere manier uiten. Zo was ik gefrustreerd na het zien van alle successen van mijn collega's, omdat ik diep vanbinnen het gevoel had niet genoeg bereikt te hebben. Mijn ego heeft het beeld van een succesvolle ondernemer, en in vergelijking met hen, voldeed ik daar niet aan. Andersom is er een grote kans dat de anonieme persoon die mij een berichtje stuurde mij uitschold, omdat hij of zij zelf niet blij was met zijn of haar lichaam. Ook dit is een voorbeeld van verstopte jaloezie. Het mooiste van dit alles is dat we deze frustraties of angsten die we voelen bijna altijd op anderen afreageren, terwijl ze nooit met externe factoren te maken hebben. De gevoelens van jaloezie komen namelijk niet van buitenaf, maar worden volledig geproduceerd door jouw gedachten. Door jou, jouw ego en door niets of niemand anders. Maar waarom is dit dan toch wat er gebeurt? Waarom worden deze jaloerse gevoelens altijd pas opgewekt als we naar een ander kijken?

Ons ego creëert een bepaald beeld van onszelf, zowel qua uiterlijk als innerlijk, waar we aan denken te (moeten) voldoen. Wie we denken dat we zijn is een illusie die we zelf hebben gecreëerd en dat kan hard aankomen, maar ook verademend werken. Wil je namelijk constant aan datgeen voldoen wat je ego denkt te moeten zijn, dan kun je regelmatig overrompeld worden door jaloerse, onzekere of gefrustreerde gedachtes. Zo denk je misschien dat je gevoel voor humor jouw sterkste eigenschap is, of beschouw je jezelf in jouw relatie als een perfecte partner. Zodra je ego wordt bedreigd door externe factoren, omdat iemand niet lacht om je grapje of omdat je een keer je partner heel onredelijk behandelt, gaan de alarmbellen rinkelen. Je ego vertelt je dat je misschien toch niet zo grappig of een goede partner bent en projecteert zich meteen op andere personen die dat in zijn ogen wel zijn. Dát is waar jaloezie ontstaat. Je vergelijkt het beeld dat je hebt van jezelf met een ander. Het is jouw ego dat je vertelt dat je aan X of Y moet voldoen of iets wil hebben of juist niet wil verliezen. Ondanks het feit dat we jaloezie dus vrijwel altijd koppelen aan externe factoren, komt jaloezie van binnenuit. Het is iets wat je zelf creëert.

Slecht en goed nieuws. We zullen niet alle jaloerse gedachtes in ons leven kunnen tegenhouden en er is geen magische pil voor, maar is dat gevoel van jaloezie eenmaal daar, kunnen we er zelf voor kiezen hoe we ermee omgaan. Dit is onwijs belangrijk in een gelukkig leven omdat jaloezie alleen maar nare gevoelens met zich meebrengt. Jaloezie mag dan een natuurlijke reactie zijn en op dat moment de oplossing lijken voor je probleem, maar dat is het vrijwel nooit. Stel je voor dat je vriend constant met andere vrouwen contact heeft en je hem betrapt op vreemdgaan. Een logische, eerste reactie is dat je boos wordt, maar al snel zal die kwaadheid veranderen in controle. Je probeert hem te controleren en te veranderen, zodat hij stopt met zijn flirtgedrag. Misschien kijk je mee op zijn telefoon, houd je zijn socialmediakanalen in de gaten of heb je liever niet dat hij tot laat de deur uit gaat. Op het eerste gezicht lijkt dit een goede oplossing te zijn, want zodra je vriend stopt met flirten, zijn je onzekerheden weg. Wanneer je deze gedachtegang echter beter analyseert, kom je erachter dat dit slechts op de korte termijn werkt. Je zult namelijk altijd de onzekerheid hebben dat het weer gebeurt en constant terugkomende, nieuwe jaloerse gevoelens hebben. Hoewel dit klinkt als een vorm van zelfdestructie is dit toch waarvoor mensen vaak kiezen. Misschien omdat jouw ego je vertelt dat je in een gelukkige relatie hoort te zitten, of dat jij niet het type bent dat verliefd wordt op iemand die jou zou bedriegen. Hoe je het ook wendt of keert: je ego maakt dat je niet goed nadenkt, maar handelt op pure gevoelens en emoties. Het is daarom heel waardevol om niet alleen naar je gevoel te luisteren, maar soms ook een stapje terug te nemen en te kijken naar wat er nou echt gaande is.

Vorige week raakten Tony en ik met een knappe, maar nog belangrijker, extreem leuke meid aan de praat. Over het algemeen voel ik in mijn relatie weinig jaloezie, maar deze keer overviel het me. Ze was ook nog eens grappig én aardig. Mijn vriend raakte met haar – de in mijn ogen de perfecte vrouw – als eerst aan de praat en voor ik het kon tegenhouden werd ik overspoeld door jaloerse gedachtes. Tony heeft vast nog nooit zo'n leuke chick gezien, ging er door mijn hoofd. En zou hij haar nu vergelijken met mij? Heel even voelde ik me lelijk, ongewild en zat er zelfs een dikke knoop in mijn maag. Het gevoel van jaloezie kan je fysiek ziek maken. Hoe ga je die jaloerse, strontvervelende gedachtes en gevoelens te lijf? Ik heb niet alleen mijn gedrag onder de loep genomen, maar ben ook actie gaan ondernemen. Er blijken oprecht een paar trucjes te zijn die helpen, hoe gek of onwennig het ook voelt, zolang je ze maar keer op keer toepast.

Zoals met veel dingen in het leven, is je er bewust van worden de eerste (en grootste) stap.

Allereerst: herkenning. Het was namelijk een fractie van een seconde later dat ik, mede dankzij het oefenen, me eraan herinnerde dat het totaal onnozel was om zo te denken. Ik stond ver beneden mezelf, door deze jaloerse houding aan te nemen. Deze angst kwam voort uit het idee dat ik van mezelf heb, het idee dat ik een perfecte vriendin moet zijn. Stiekem denk ik dat dit komt doordat ik in het verleden zelf relaties heb verbroken en heb gezien wat een verdriet dit met zich meebracht. Bang dat mij hetzelfde overkomt, probeer ik een zo leuk mogelijke vriendin te zijn. Door die jaloerse houding te erkennen viel er al een kleine last van mijn schouders. Terwijl de twee het gesprek voortzetten, probeerde ik de tweede techniek. Deze techniek kan vrij onnatuurlijk aanvoelen, helemaal als je dit voor het eerst doet, maar het kan wonderen verrichten. De tweede stap is namelijk niet wegkijken van je jaloezieën of negatieve gedachtes op laten komen, maar ruimte maken voor positieve gedachtes. In gedachten draaide ik de rollen om, en dacht ik: 'Ja, het is een verschrikkelijk mooi meisje. En ze is ook nog eens onwijs lief en slim. Mooi.' Deze gedachte ging zo sterk in tegen mijn eerdere jaloerse gevoelens, dat ik niet anders kon dan me beter voelen. Ik voelde me een goed mens, in plaats van een jaloerse erwt.

Dit voorbeeld is op alle vlakken toe te passen. De volgende keer dat je een vrouw met een prachtige bos haar voorbij ziet komen, vertel haar hoe mooi haar haar zit, in plaats van direct te denken aan je eigen dunne haar. Of wanneer je overvallen wordt door de verloofde stelletjes op je feed terwijl jij nog altijd single bent, laat je ze middels een reactie weten hoe blij je voor ze bent. Dat iemand ergens in uitblinkt of in een andere levensfase zit dan jij, maakt niet dat jij daardoor minder waard bent. Integendeel: elkaar steunen kan er zelfs voor zorgen dat jullie er beiden beter van worden. #girlssupportgirls

Aan het begin van dit hoofdstuk vroeg ik je jouw drie grootste onzekerheden op te schrijven. Hoe kijk je daarop terug? Misschien ben je erachter gekomen dat je passie voor gezond eten en sporten misschien toch wel een tikkeltje uit de hand begint te lopen. Schaam je in dat geval niet en vraag om hulp. Misschien heb je ontdekt dat jouw onzekerheden vooral gecreëerd worden door het zogeheten impostersyndroom. Of dat de afgunst die je voelde vanwege het succes van een verre vriend, eigenlijk jouw ego is dat daar had willen staan. Jaloezie. Wat het ook is dat je voelt: ik hoop dat je na het lezen van dit hoofdstuk weet dat je niet de enige bent en dat de oplossing van het probleem vrijwel altijd in ons eigen hersenpannetje ligt. Je onzekerheden herkennen en erkennen zijn altijd de eerste stap tot een oplossing. Praat erover. Je bent niet alleen.

4
#WANDERLUST

Purmerend, Nederland. Juni 2013

Plots werd ik door een schel geluid uit mijn fijne droom getrokken. Waarom was ik in vredesnaam al wakker? Met half dichtgeplakte dikke ogen verplaatste ik mezelf op de automatische piloot richting de badkamer, sprong ik onder de douche en schoof ik mezelf in de al klaargelegde maxijurk. Beetje bij beetje begon de wereld er iets helderder uit te zien en herinnerde ik me het doel van deze vroege grap: ik zou voor het eerst alleen het vliegtuig pakken en voor anderhalve maand naar Spanje vertrekken.

Wanderlust (v; geen meervoud) 1 treklust, reislust

De term 'wanderlust' is pas sinds enkele jaren hip, maar kent een lange geschiedenis. Het woord dook voor het eerst op in 1902 in Engeland, geleend uit de Duitse taal, en definieert zich als een diep, ongecontroleerd verlangen om je spullen te pakken en te reizen. Dat het besmettelijk werkt, daar is geen twijfel over mogelijk, met social media als een van de grootste besmettingshaarden. Er gaan zelfs geruchten dat één keer inloggen op Instagram genoeg is om het virus te pakken te krijgen! Wij millennials reizen 42 procent meer dan de babyboomers dat deden, maar vreemd is dat niet als we naar alle mogelijkheden van vandaag de dag kijken. We boeken onze vliegtickets via prijsvergelijkwebsites, struinen wekenlang het internet over om zoveel mogelijk over de eindbestemming te weten te komen en duiken weg in een online wereld van prachtige natuur en ongelofelijke paradijzen. We slaan Instagram-publicaties op onder onze favorieten als we een travelblogger op onze feed bij een geweldige locatie zien verschijnen en gebruiken websites als TripAdvisor om uit te vogelen hoe voorgaande reizigers hun reis hebben ervaren. Dit doen we niet alleen om de mooiste plekjes en beste prijzen op de kop te tikken, het is voor velen al een vermakelijk deel van de reis zelf.

Het gegeven dat millennials reizen, is niet bijzonder – dat doet de mens al generatieslang – maar de manier waarop is nieuw en onverwachts. Velen van ons sparen liever voor een reis dan dat we direct settelen in een groot huis, en reizen als het even kan niet meer drie à vier keer in ons leven, maar drie à vier keer per jaar. Ook de millennials die geen geld hebben om het land uit te gaan of juist bewuster omgaan met hun CO_2-voetafdruk, wekken binnenlands diezelfde wanderlust op door middel van miniroadtrips en toffe uitjes. Nog zo een typisch millennialding: vliegschaamte. Met het enige verschil dat dit typische millennialding eigenlijk een ding van ons allemaal zou moeten zijn. Het probleem van dit nog serieuzere probleem is dat velen de milieu-impact van vliegen kennen, maar misschien niet helemaal (durven te) erkennen. *Me included.* Vliegen betekent voor mij een regelrecht visitekaartje naar mijn familie of schoonfamilie of werk. Het is zo persoonlijk en dichtbij, dat zelfs zoiets belangrijks als het klimaat op de achtergrond komt. Met een hoofdstuk gefocust op reizen zal het je niet ontgaan dat ik reizen belangrijk vind, maar onze planeet vind ik ook belangrijk. Ik zit daarom in een soort tweestrijd en probeer nu voornamelijk mijn steentje bij te dragen op andere manieren (zoals bijvoorbeeld het stoppen met eten van vlees). Maar, zoals dat gaat bij alle veranderingen: wat nu nog onmogelijk lijkt kan over een tijd ineens vanzelfsprekend zijn. Treinverbindingen zullen sneller worden, normen en waarden zullen veranderen. Een paar jaar terug werd er nauwelijks over gesproken, nu is het een veelbesproken onderwerp. Over een paar jaar kan het matigen van vliegreizen en de compensatie hiervan zomaar een ongeschreven regel worden.

Begin jaren nul was een nieuw paar Uggs de manier om erbij te horen, tegenwoordig is dat een klim naar de top van de Tafelberg in Kaapstad. Reizen is onze nieuwe sociale valuta geworden, waarbij ervaringen meer waard zijn dan ooit tevoren. Met de nadruk op ervaringen, want we moeten het ervaren om ervan te kunnen genieten. Zodra we onze feed openen worden we overspoeld met beelden van de perfecte locaties, dus met het zien van zo'n locatie nemen we geen genoegen meer. We moeten de nieuwe cultuur kunnen proeven, ruiken en beleven. Zo zullen we niet snel een foto voorbij zien komen van een rode Hop-On-Hop-Off-bus of een lunchpauze houden bij de McDonald's in Frankrijk (al is de Shake Shack in de USA wel weer onwijs instagrammable). In plaats daarvan raken we bewust verdwaald in de kleine, romantische straatjes van Rome en eten we het liefst op een oud houten stoeltje bij een local die we zojuist hebben leren kennen. Reizen is het medicijn van deze generatie.

Ook ik heb sinds een paar jaar het wanderlustvirus onder de leden, en ik deel graag een paar opmerkelijke avonturen en de lessen die ik daaruit heb getrokken met jou. Ik neem je mee naar de eerste ontmoeting met mijn Spaanse schoonouders en de cultuurshock die ik daar ervaarde. We reizen van de gettostraten van Zuid-Afrika naar een Peruaanse bruiloft in een verlaten dorpje in de bergen. Mijn doel? Jouw wanderlust opwekken, of op zijn minst een beetje kietelen.

Barcelona, Spanje. Juni 2013

In films wordt het altijd zo prachtig afgebeeld. Een nieuwe taal leren beheersen, zorgen voor schattige kids die jou leuker vinden dan hun eigen ouders. Veel reizen en constant nieuwe mensen leren kennen. En uiteindelijk zo'n goede band opbouwen met de kinderen dat jullie elkaar blijven zien tot jullie beiden oude, gerimpelde rozijntjes zijn. Bovendien, wie wil er nou niet betaald op vakantie gaan? Au pair zijn mag dan misschien niet de bestbetaalde baan zijn, maar het is wel een heel toffe baan. Tenminste, dat is wat YouTube mij vertelde. En toen ineens zat ik daar, met twee te zware koffers en een bonkend hart op een vies kauwgombankje in Barcelona Airport.

Salida, equipaje, restaurantes. Terwijl ik van achter mijn pet stilletjes de menigte bestudeerde nam ik zo veel mogelijk woorden in me op. Ik had inmiddels precies een jaar Spaanse les gehad op de Hogeschool van Amsterdam, maar hoeveel leerde je nou echt in een uur per week? *Un bocadillo de jamón y una cerveza, por favor*, veel verder kwam ik niet. Al enige tijd wiebelde ik zenuwachtig op mijn stoel, maar ik mocht niet van mezelf opstaan tot ik op het Spaanse woord voor 'toilet' kwam. Nog voordat ik de kans kreeg om een wc in te duiken voelde ik mijn telefoon trillen: 'Hola Laura, we are waiting for you outside. Un beso, Maria.'

Ze stonden er al, er was geen weg meer terug.

Met mijn zeventien jaar had ik me al die tijd behoorlijk stoer voorgedaan, vooral in de voorafgaande Skype-gesprekken met de ouders zette ik mijn beste beentje voor. We hadden vrijwel direct een klik, waarna Maria en José mij blind leken te vertrouwen. Ik had me wekenlang trots als een pauw en bovendien o zo volwassen gevoeld, maar nu ging ik met knikkende knieën richting *la salida*. Hoe begroette ik hen? Een knuffel, drie zoenen, twee zoenen of een hand? In mijn hoofd zag ik de ergste doemscenario's voorbijkomen, van kopstoten tot een smakzoen recht op de mond van mijn tijdelijke Spaanse moeder. Ik besloot voor de meest veilige optie te gaan en direct bij aankomst op de kinderen af te gaan. Kinderen houden van knuffels. Althans, wat weet ik nou echt van kinderen?

Blanes, Spanje. Juli 2013

Tot een maand eerder was ik een dolgelukkige zeventienjarige zonder zorgen. En daar zat ik nu dan ineens, in Blanes, tussen twee koppige Spaanse meisjes in. Ze begrepen maar al te goed dat ik Spaans probeerde te leren, geen Catalaans, maar wat roddelden ze graag over de nanny in die vreemde taal. Ik deed alsof ik gek was en zette mijn pokerface op, maar ondertussen ving ik wel degelijk wat op. Wat zou ik graag roepen: 'Hey! Jullie kleine Spaanse lief uitziende duivelse doerakken! Ik leer al vijf jaar Frans, dat in combinatie met Spaans, ik versta jullie Catalaanse gebrabbel!' In plaats daarvan hield ik wijs mijn mond en bleef ik glimlachen terwijl ik me liet pesten door een negen- en twaalfjarige, hopend op een verandering.

Op een doorsneedag kreeg ik niet meer dan 'no', zucht of 'adios' uit de oudste. Ze weigerde haar medicijnen tegen epilepsie in te nemen en propte snel vijf koekjes in haar mond als ze dacht dat ik niet keek. De kleinste was nog redelijk beïnvloedbaar en had ik zelfs al wat Engelse zinnen kunnen leren. Vooral de zin 'Laura, do you want a cookie?' had ik er goed bij de jongste in gestampt. Als je het doet, doe het dan goed. Bovendien, als er iemand een traktatie verdiende op zijn tijd, dan was ik het wel. Treurig, maar waar.

Zo kwam ik op een ochtend thuis van mijn rondje hardlopen om vervolgens twee verdacht stille en bijzonder vrolijke kinderen aan te treffen.

Toen ik richting de badkamer liep barstten beiden in schateren uit. Iedereen met (een) zusje(s) zal begrijpen dat deze situatie uiterst verdacht en hoogstwaarschijnlijk gevaarlijk is, maar als ze stoppen met herrie maken heb je pas echt een probleem. Natuurlijk, vrezend voor het ergste, begon ik ze te ondervragen. 'Qué pasa? QUÉ?' In plaats van te vertellen wat er was, werd er van de gelegenheid gebruikgemaakt om mijn heerlijke accent na te doen. 'Ke pascha, ke pascha, ha ha ha.' Geïrriteerd dook ik de douche weer in, nadenkend over wat ze deze keer weer geflikt hadden, maar het antwoord liet niet lang op zich wachten. Toen ik de deksel opendraaide en mijn hand in mijn gloednieuwe masker stak, rook ik direct dat er iets fout zat. Mijn glanzende en rozengeurige 30 eurocrème was in een oogopslag veranderd in een vieze, meurende derrie van azijn en olijfolie.

Blanes was mijn eerste echte ervaring alleen in het buitenland. Ondanks de vele bovenstaande tandenknarsmomentjes, heeft deze ervaring een speciaal plekje in mijn hart gekregen. Ik werd uit mijn comfortzone gezogen en vanuit mijn kleine, fijne omgeving in Purmerend in een complete nieuwe wereld gegooid. Alleen reizen kan je op zo veel verschillende manieren goeddoen. Zo leerde ik tijdens dit eerste echte avontuur dat een obstakel op de weg (of in dit geval, twee kleine obstakels) niet per se het eind van de wereld hoeft te betekenen. Het hielp me te relativeren, omdat ik me in dat grote onbekende land zo klein voelde. De momenten die ik voor mezelf had en met niemand anders dan mezelf deelde, waren daarbij vaak de meest intense momenten. Ongeacht je leeftijd, is solo reizen dé manier om dicht bij jezelf te blijven en tegelijkertijd dichter bij anderen te komen. Misschien is jouw relatie net stukgelopen en ben je toe aan wat afleiding. Of je vrienden hebben allemaal een overvolle agenda en zijn pas vrij in 2030. Heb je niet de kans om met gezelschap op reis te gaan, zie dit dan juist als een buitenkansje om niet alleen de wereld maar ook jezelf beter te leren kennen.

Blanes had mijn wanderlust aangewakkerd. De reiszin was begonnen en zou nooit meer weggaan.

BUJALANCE

Córdoba, Zuid-Spanje, 2015

Ik was nog geen maand aan het daten met Tony toen we door Bujalance reden, zijn geboortedorp. Met zijn zevenduizend inwoners was Bujalance alles wat ik me voorstelde bij een klein dorpje in Andalusië, en meer. Bloedheet. Gepensioneerde vrouwtjes op stoeltjes voor de deur, terwijl ze alles en iedereen die hun patio passeert goed in zich opnamen. Olijfvelden die zo ver rijkten als je met je ogen kon waarnemen. Ontbijt met churros en kindjes die om middernacht nog vrolijk en vol energie over straat huppelden. Het gaf me een bijzonder romantisch gevoel en het idee dat we in een ouderwetse film beland waren.

We hadden dit al vaker gedaan, zulke spontane bezoekjes aan zijn geboortedorp. Ondanks het feit dat we elkaar nog maar kort kenden, wisten we namelijk dat het mijn laatste maand in Spanje zou zijn voor er een einde kwam aan mijn uitwisseling. Geen van ons wist wat er daarna zou gebeuren. Het voelde daarom als het laatste mogelijke moment om samen te zijn. Tony rolde dan in de tweede versnelling door de smalle straatjes en groette hier en daar een bekende terwijl ik genoot van het uitzicht. Wanneer we uitstapten waren we dé happening van het dorp. Groepjes jongeren stopten om mij van dichterbij te bekijken. Wie was die vreemde snuiter? Waar kwam ze vandaan? Dat ik niet Spaans was, kon je van kilometers afstand al zien. Mijn blonde haar leek in de felle zon licht te geven en mijn gezicht en huidskleur zeiden meer dan genoeg. Tony vond het geweldig, dat kon ik merken. Hij had een bepaald soort

Tony's geboortedorp, Bujalance

Het dorp wordt omringd door olijfvelden, de belangrijkste inkomstenbron voor de meeste inwoners van Bujalance

Dé dorpsoutfit: pantoffels en een 'bata'. Schaam je niet om zo naar het supermarktje naast de deur te gaan, je bent waarschijnlijk niet de enige ;-)

glans in zijn ogen als we bekenden tegenkwamen en ik verdacht hem ervan stiekem een beetje trots te zijn op het feit dat hij een buitenlandse aanwinst op de kop had getikt.

De eerste ontmoeting met zijn familie was puur toeval, toen we door het dorp reden en het de jaarlijkse kermis (Feria) bleek te zijn. We troffen Tony's neven en nichten aan, wat er voor mij honderden leken, en één voor één moest ik ze twee zoenen geven. Gekleed in de typische Spaanse jurken leken ze levensechte dansemoji's van WhatsApp. Ik verstond de helft niet van wat er tegen me gezegd werd en probeerde zoveel mogelijk mijn best te doen om aardig gevonden te worden. Zijn neven en nichten ontvingen mij met open armen en grote glimlachen, maar ik merkte duidelijk het geroezemoes van de rest van het dorp op de achtergrond. Dat dit geen gewone relatie zou worden, was me al snel duidelijk.

Nog geen twee weken later bezorgde hij mij de schrik van mijn leven. Het was eind augustus en met zo'n veertig graden Celsius abnormaal warm, terwijl we wederom een rondje door zijn dorp maakten. Zoals gewoonlijk genoot ik van het uitzicht, de gepensioneerde kwekkende dames en de geur van olijven, toen we prompt stopten. Ik keek Tony vragend aan, maar hij was de auto al uit. Met een vreemde, aarzelende blik zei hij snel: 'Ik ga je vandaag aan mijn ouders voorstellen,' en hij drukte op de bel. Ik had zijn neven en nichten al vlug gezien, maar deze ontmoeting was van een heel ander niveau. Tijd om hierover na te denken, terug te krabbelen of keihard weg te rennen was er niet, maar het waren net genoeg seconden om compleet in paniek te raken. Het is verbazingwekkend hoeveel dingen er in een seconde door je hoofd kunnen gaan. Van mijn kledingkeuze, naar mijn Spaanse vocabulairecapaciteit, tot een 'red mij uit deze situatie'-gil om hulp. Ik had nét genoeg tijd om mijn korte jurkje iets naar beneden te trekken toen de deur met veel herrie en gekraak openzwaaide en ik Tony de woorden 'Hola máma, te presento a Laura' hoorde zeggen.

Mijn hart bonkte uit mijn borstkas terwijl ik een eerste voet in het grote, koele huis zette. Met mijn allergrootste glimlach gaf ik zijn moeder twee kussen. 'Encantada!' piepte ik bijna van angst. Met grote ogen, stijve houding en een serieuze blik keek zijn moeder mij aan, waarna ik van top tot teen gescand werd. Aarzelend ging ik vooruit. Eén stap, twee stappen, drie stappen. Plots kwam zijn vader vanuit het niets op mij afgestormd. 'Holaaaa guapaaaaa! Ruuuuubia!' Het enthousiasme dat ontbrak bij zijn moeder, ontving ik van zijn vader, die ondanks het feit dat hij al in de zestig was nog een goede bos zwart haar op het hoofd had. Spanjaarden blijven charmeurs, ongeacht de leeftijd. Het leek Tony een goed idee mij een rondleiding door het huis te geven, dus daar stemde ik mee in. Eenmaal de trap op kwam ik er alleen achter dat niet Tony, maar ook zijn moeder mij deze rondleiding zou geven. Ik vervloekte mezelf voor mijn schaarse kledingkeuze van die dag, maar wat moet je dan, als het zo heet is dat zelfs je knieën zweten? Dus daar gingen we dan. Van kamer tot kamer, er leek geen eind aan te komen. Het zweet brak me uit terwijl ik in mijn beste Spaans een zo goed mogelijke indruk probeerde te maken. Ik lachte tot mijn kaken zeer deden en verontschuldigde mij zelfs meerdere keren voor mijn gebrekkige Spaans, maar veel effect leek het niet te hebben. Tot overmaat van ramp leek ze niets van wat ik zei te begrijpen, wat resulteerde in ongemakkelijke gesprekken met nog ongemakkelijkere stiltes.

De maanden die daarop volgden waren niet altijd even makkelijk. Ik had moeite met het begrijpen van de taal, de cultuur. Vrienden had ik niet in Spanje, hoe erg ik voor mijn gevoel ook mijn best deed. En als ik al in een sociale kring verkeerde, kostte het me zo veel moeite om een correct Spaans gesprek te voeren dat ik daarna doodop was. Ik vond niets efficient gaan, waar ik ook ging werd ik aangestaard... En zo had ik nog duizend-en-een dingen om over te zeuren. Ik was in complete shock – een cultuurshock.

WAAR IS MIJN CALVÉ-PINDAKAAS?

Hoewel iedereen zijn of haar ervaringen in het buitenland op een andere manier beleeft, hebben experts de fases waar je doorheen gaat als expat opgedeeld in vier. Deze zogeheten U-curve theorie van aanpassing en cultuurshock deelt zich op in euforie, frustratie, aanpassing en adaptie. Hoelang je in elke fase zit verschilt per persoon, maar we gaan er allemaal in zekere mate doorheen.

Mijn fase van euforie, ook wel honeymoon (wittebroodsweken) genoemd, duurde maandenlang. Ik leefde in één grote feestbubbel met Erasmus-vrienden en tegen het einde aan zelfs een te gekke Spaanse vriend. Ik probeerde een stage te regelen in Spanje en fantaseerde al over hoe mijn leven er over vijf jaar uit zou zien in het prachtige zuiden. Ik was in de veronderstelling dat er nooit een einde zou komen aan deze euforie, tot er een eind kwam aan mijn uitwisseling. Toen langzaam maar zeker mijn internationale vrienden richting het thuisfront trokken en mijn Erasmus-tijd ophield, kwam het besef dat Spanje niet voor altijd maar vakantie was. Dat Spanje, hoe geweldig het ook lijkt, niet alleen maar zon en palmbomen is.

De bubbel knapte toen ik me realiseerde dat mensen hier ook gewoon hun verplichtingen en gewoontes hadden, en, wilde ik hier een leven opbouwen, ik mee zou moeten doen met die verplichtingen en gewoontes. Ik daalde van de euforie naar de frustratiefase. Enthousiasme zakte weg in ongemak. Ik voelde me alleen, ongeduldig en soms zelfs geïrriteerd. Konden die Spanjaarden nou nooit eens op tijd komen? En waarom was er nooit iets vegetarisch te bestellen? Ik miste steeds vaker een vriendin om op te leunen en een broodje hagelslag om de dag mee te starten. Ik zat in de frustratiefase en goed ook.

Bij de een duurt deze frustratiefase weken, bij de ander jaren. Ik had zelf zeker een paar maanden nodig om mijn nieuwe situatie te verwerken. Ik geloof zelfs dat ik pas helemaal uit de frustratiefase kwam toen ik weer permanent in Spanje ging wonen, een jaar na mijn Erasmus-avontuur. De supermarkt leek na een tijdje niet meer zo onlogisch in elkaar te zitten en ik had zelfs een Nederlands adresje gevonden waar ik zo nu en dan Calvé-pindakaas kon kopen. De hagelslag was omgeruild voor geroosterd brood met tomaat en olijfolie, in combinatie met een vers gezette cortado. Google Maps kon ik steeds vaker uit laten en in de sportschool begonnen ze me bij mijn naam te noemen. Voor ik het wist lunchte ik om 15.00 uur in de middag en had ik het diner om 22.00 uur in de avond. Ik voelde me steeds comfortabeler met de mensen, de cultuur, het eten en mijn omgeving. De aanpassingsfase was officieel ingegaan en maakte langzaam maar zeker plaats voor de adaptiefase. Deze adaptiefase is de laatste fase van de cultuurshock. Je bent nog niet helemaal gewend, maar je accepteert je situatie en de omgeving.

Ik leerde al snel dat ik met zijn familie beter niet de discussie aan kon gaan over het vegetariër zijn (wat ik destijds overwoog en inmiddels al drie jaar ben), dat het vrij normaal is om in badjas en pantoffels naar de buurtsuper te gaan en dat iedereen elkaar *guapo/guapa* noemt, ongeacht hoe hij of zij eruitziet. Ik balanceerde op het randje tussen de frustratie- en aanpassingsfase, waarin ik me meerdere keren heb afgevraagd of het 't wel allemaal waard was. Maar de eerste maanden dat ik het moeilijk had, werden niet alleen veroorzaakt door het cultuurverschil, maar ook door de mensen om me heen.

De maanden na mijn eerste kennismaking met mijn schoonfamilie waren de maanden dat ik weer in Nederland woonde voor mijn afstudeerjaar. Het contact met mijn schoonfamilie moest ik dus hebben van de maandelijkse bezoekjes aan Spanje, als die überhaupt al in zijn geboortedorp plaatsvonden. Voor mij was alles nieuw en spannend en onwennig, maar dat gold ook andersom. Als je een leven lang niemand anders dan Spanjaarden (uit het dorp) om je heen hebt en prompt een Hollandse wervelwind voor je deur geschoven krijgt, dan kan dat even slikken zijn. In de eerste maanden van onze relatie bleek zijn moeder gevraagd te hebben waarom hij een relatie met mij had en of dat nou echt nodig was. Hij wist immers niet wat ik uitspookte in Nederland en een vriendinnetje uit de buurt was toch veel fijner? Over het algemeen ben ik een allemansvriend en zijn de akkefietjes die ik heb gehad in het leven op één hand te tellen, en ook nu zette ik alles op alles. Ik snapte niet waarom ik constant het gevoel had net niet helemaal welkom te zijn. Destijds wist ik niets van eerdergenoemde opmerking af, maar ik voelde het natuurlijk wel in zekere mate aan.

Het was op kerstavond dat jaar dat ik voor het eerst een echt drastisch verschil merkte. Al bij binnenkomst leek er een andere sfeer te hangen, ik kon merken dat er iets was veranderd. De eerst wat stille vrouw stelde zich heel anders op. In plaats daarvan leerde ik een hartverwarmende moeder kennen. Ik weet nog steeds niet waarom precies op dit moment er iets veranderde, misschien zorgde de kerstwarmte voor een positieve invloed, maar het ongemakkelijke was vrijwel direct verdwenen en is nooit meer teruggekomen. Familie is onwijs belangrijk in het zuiden, maar dat dit zo duidelijk te merken was, had ik niet verwacht. Het kostte haar simpelweg enorm veel moeite om haar jongste zoon los te laten, al helemaal met het gevaar dat hij in Nederland zou belanden door zijn nieuwe vriendinnetje. Zowel voor mij als voor haar was de situatie enorm onwennig. Vier jaar later app en bel ik meerdere keren per week met de allerliefste schoonmoeder die je je maar kunt wensen.

Onthoud dat deze situatie – naar een nieuw land verhuizen – niet alleen voor jou wennen is, maar ook voor de mensen die jou omringen. Een nieuwe cultuur heeft tijd nodig. Geef het die tijd.

Tony's zus, Irene, is inmiddels een goede vriendin geworden (2019)

Met Tony's ouders heb ik de grootste lol (2019)

De cultuurshock is een natuurlijk proces en is deel van het reizen in of verhuizen naar het buitenland. Iedereen ervaart dit anders en voor niemand loopt dit proces hetzelfde. Het kan weken, maanden of zelfs jaren duren om je aan te passen. Toch zijn er een paar trucjes om het iets aangenamer voor jezelf te maken. Deze trucjes hebben mij geholpen, wie weet doen ze hetzelfde voor jou.

- Begrijp wat de verschillende cultuurshockfases zijn en in welke jij je nu bevindt. Je neerleggen bij het feit dat iedereen door deze fases gaat, kan helpen met het accepteren ervan. Door dit te lezen ben je al een stap verder dan je een paar pagina's terug was. Het is oké om je niet helemaal op je gemak te voelen in het nieuwe land. We gaan er allemaal doorheen, maar komen er ook altijd weer uit.

- Om alleen al te overwegen om in het buitenland te gaan wonen of op een lange reis te gaan moet je behoorlijk openminded zijn. Maar écht in het buitenland leven, vergt een heel nieuw soort openheid. Vooral wanneer je naar een land verhuist waar de cultuur erg verschillend is van wat jij gewend bent, zul je je vaak afvragen waarom bepaalde dingen zijn zoals ze zijn. Probeer je op momenten als deze te herinneren dat jij een gast bent en dat deze mensen al generatieslang op deze manier leven. Zo vinden mijn schoonmoeder en schoonzus dat de man altijd de eerste stap moet nemen in een relatie. Ik, als nuchtere Hollandse, ben het daar niet mee eens dus dat zeg ik hardop en dat resulteert soms in grappige discussies. Het is belangrijk om je mening te kunnen delen, zolang je maar respectvol omgaat met die van een ander. Hoe zou jij het vinden als iemand zomaar je huis in wandelt en vertelt hoe alles beter of efficiënter kan?

- In plaats van je te verzetten tegen de nieuwe cultuur, probeer erop in te spelen. Ik weet bijvoorbeeld dat Tony minimaal een halfuur meer nodig heeft dan hij zegt te hebben, dus vertel ik hem dat ik een halfuur eerder weg moet dan eigenlijk nodig is. Krom? Misschien, maar het voorkomt veel frustratie en gemiste afspraken.

- Omdat de mensen in het nieuwe land dingen anders aanpakken, betekent het niet dat ze het verkeerd doen. Gebruik de nieuwe cultuur in je voordeel en leer ervan. Vaak hoor ik dat Spanjaarden als lui bestempeld worden, terwijl het tegendeel waar is. Spanjaarden zijn harde werkers, soms alleen iets minder streng met het begrip punctualiteit. In het begin frustreerde dit mij enorm, maar al snel kwam ik erachter dat de wereld echt niet vergaat als je vijf of tien minuten te laat bent. Bovendien resulteert het in sommige situaties in onnodig stressen. Als je in de file komt te staan bijvoorbeeld, of als je bus niet rijdt. Aan de situaties kun je toch niets veranderen. De Spaanse cultuur heeft mij niet alleen laten zien wat hard werken is, maar ook geleerd om relaxter in het leven te staan.

- Hoe verleidelijk het ook kan zijn om met mensen uit jouw geboorteland op te trekken, je voelt je er niet meer door thuis. Het is soms lekker om over hetzelfde te kunnen zeuren, dat geef ik toe en daar doe ik nog steeds wel eens aan. Maar het maken van nieuwe vriendschappen in Spanje heeft ervoor gezorgd dat ik de cultuur veel beter heb leren begrijpen. Ga op zoek naar nieuwe lokale contacten. Sommige universiteiten en restaurants bieden bijvoorbeeld gratis wekelijkse taaluitwisselingen aan, en op social media zijn er altijd wel mensen en organisaties te vinden die jou als nieuwkomer willen helpen.

Gekleed in een traditionele flamencojurk voor de Feria van Málaga (2019)

In Tony's geboortedorp zijn er maar weinig mensen die verder dan Spanje komen, sommigen hebben zelfs de provincie nooit verlaten. Voordat we een relatie begonnen was hij welgeteld één keer in Portugal geweest, wat op vijf uur rijden vanaf zijn huis ligt. Andere landen had hij nog nooit bezocht, laat staan dat hij in een vliegtuig had gezeten. Reizen was iets uit films en blaadjes, maar daar hield het ook wel bij op.

In 2016 kwam daar verandering in toen ik enkele maanden na onze eerste date voor zijn verjaardag een ticket naar Nederland had geboekt. Ik hield mijn hart vast wat betreft de vlucht. Tony komt vrijwel altijd laat en komt daar ook mee weg in Spanje, maar het vliegtuig zou niet op hem gaan wachten. De uren van tevoren appte ik hem constant. Had hij zijn paspoort mee? En zijn boardingpass? Ik benadrukte meerdere keren dat hij geen grote koffer mee moest nemen, maar een kleintje. Grote flessen parfum en andere vloeibare verzorgingsproducten moesten thuisblijven. Makkelijker kan het niet zijn. Toch?

Met wiebelende tenen wachtte ik hem enkele uren later op Schiphol op. Hoewel ik wist dat het op dit moment vrijwel niet meer mis kon gaan, was ik er toch niet helemaal kalm onder. In de verte zag ik een lange, bebaarde Spanjaard met wat leek op een opgeblazen skippybal aan komen lopen. Ik kon mijn ogen niet geloven. Hadden ze hem daar echt mee laten vliegen? In plaats van het kleine handbagagekoffertje dat ik verwachtte, kwam Tony met een tas ter grootte van een galapagosreuzenschildpad aan, die op knappen stond. Hoofdschuddend grinnikte ik. Typisch Tony, om zo veel mee te nemen voor drie dagen.

Niet veel later stonden we voor mijn huis in Purmerend, waar hij voor het eerst mijn ouders zou gaan ontmoeten. Zenuwachtig pakte hij zijn kogelronde en bomvolle voetbaltas erbij, waar hij met een stralende lach een wel heel origineel souvenir uit toverde. 'Alstublieft, voor jullie, van mijn moeder. Ze heeft dit vers gemaakt voor vertrek.' Mijn mond viel open van verbazing. Tony haalde niet alleen de grootste Spaanse tortilla die ik ooit had gezien uit zijn tas, er kwam tevens een overvolle klotsende bak met twee liter verse gazpacho uit. Tot op de dag van vandaag is het me een raadsel hoe hij dát door de douane heeft weten te krijgen.

Het was zijn eerste reisje van velen.

Tony zag zichzelf nooit als een reiziger, simpelweg omdat hij die kans nooit had gekregen. Achteraf bleek hij er gek op te zijn. Ik geloof dan ook dat zelfs niet-reisliefhebbers vaak stiekem toch een plekje in hun hart hebben gereserveerd voor reizen. Ervaar jij stress voor of tijdens het reizen, kijk dan eens kritisch naar waar het fout gaat. Het kan zomaar zijn dat jouw beeld van een vakantie botst met de werkelijkheid door surreële beelden online, of dat je jouw vakantie op te stressvolle momenten boekt. Een citytrip klinkt bijvoorbeeld in mijn hoofd altijd tof, maar wanneer het erop aankomt is het alles wat ik absoluut niet wil. Vakantie is voor mij aan het bruisende stadsleven ontsnappen, een vlugge citytrip maakt daarom alleen maar dat ik in die gekte mee ga, maar op een andere plek en in een nog krappere planning. Een vakantie boeken in een periode waarin ik veel werk heb, werkt ook compleet averechts bij mij. In plaats van aan de stress te ontsnappen, maakt het werk dat ik achterlaat dat de druk alleen maar meer oploopt.

Onthoud ook: reizen, zoals ik al eerder aangaf, hoeft niet per se ver van huis of op extreme manieren. Ben je op zoek naar vriendschappen, rust of persoonlijke uitdagingen? Wil je de cultuur leren kennen, de natuur in of naar de tofste feesten met andere reizigers? Een rust-, feest-, beweeg- of oplaadvakantie; ze zijn allemaal op hun eigen manier leuk, maar ze passen niet allemaal bij ons als persoon. Door jezelf vooraf juiste vragen te stellen vermijd je tegenvallers en onnodige stress. Het idee van een reis naar Bali kan gaaf klinken, maar misschien snakt jouw hart nu wel naar een afgelegen huisje in een prachtig bos niet te ver van jouw woonplaats af.

Denk eens na over je eerstvolgende vakantieplannen, gevolgd door dat waar je écht aan toe bent. Is het avontuur, activiteiten of bijvoorbeeld rust? Komen deze twee met elkaar overeen? Zo niet, dan is het misschien geen gek idee om daar verandering in te brengen.

ZUID-AFRIKA

Johannesburg, december 2016

Alsof ik zojuist een bank had beroofd, rende ik met volle snelheid door de drukke staatjes van het hart van de Zuid-Afrikaanse economie. Ik moest en zou een lift zien te vinden naar de andere kant van de stad, maar dat bleek nog een lastigere opgave te zijn dan gedacht. Rennend, hijgend en bezweet met een cameraploeg achter me vroeg ik mezelf voor de zoveelste keer af waar ik aan begonnen was. Mijn knie deed pijn, ik had honger en ik stond er helemaal alleen voor.

Nog geen maand eerder had ik toegezegd op een avontuurlijke spelshow van WarnerBros, waarin tien deelnemers van verschillende nationaliteiten de strijd aan zouden gaan om een flinke som geld te winnen. Op wonderbaarlijke wijze zat ik nog in het spel, al was ik er niet bepaald instagrammable op geworden. Mijn linkervinger was bedekt met een immens grote groene pusblaar, nadat ik mezelf rennend door een pikzwarte tunnel moest banen met een fakkel die in mijn linkerhand ontplofte. Mijn rechterenkel was breder dan mijn dijbeen doordat ik hem op de meest onhandige manier mogelijk zwikte. Of althans, wie had zich níet verzwikt als je door een tegenstander vanuit een helikopter harde verfballen op je rug afgeschoten krijgt, waardoor je onder de boomstam belandt die je eigenlijk naar de overkant had moeten tillen. En op mijn

Shots uit
de opnames voor
No Time To Lose
op Insight TV *(2016)*

hoofd had ik een boei van een blauwe plek, nadat ik letterlijk door een boei was geraakt die zich in het water om mijn been had gewikkeld en met volle vaart was teruggekaatst. Gelukkig was ik de enige niet. Zo moest mijn teamgenoot naar de dokter omdat hij door een akelig grote spin net boven zijn zaakje gebeten was en zaten we allemaal aan de schijteritus zonder wc-papier in het wild na een flinke portie Zuid-Afrikaanse bobotie. Op momenten dat ik diep in de put zit, denk ik terug aan het diarreefestijn in de Afrikaanse wildernis en realiseer ik me één ding: het kan altijd erger (en neem altijd een paar zakdoekjes mee, voor de zekerheid).

Daar ging ik dus, rennend alsof mijn leven ervan afhing. Ik probeerde me met man en macht te concentreren op de straatnamen, maar dat was makkelijker gezegd dan gedaan. In deze kolossale metropool kon je het ene moment op je gemak door een prachtige buurt lopen, om vervolgens plots in een van de ergste sloppenwijken te belanden. Je verwacht het waarschijnlijk al: dat is dan ook wat er gebeurde. Nog steeds fanatiek op zoek naar een lift werd het steeds grauwer om ons heen. Kindjes die nonchalant aan het spelen waren op bergen vuilnis, mannen die ons net iets langer aanstaarden dan prettig was. Nog voordat ik een link kon leggen, schreeuwde de lokale gids die met ons mee was: 'RUN, AS FAST AS YOU CAN!' En daar gingen we weer. Rennend voor ons leven, deze keer letterlijk, terwijl iemand van de crew beroofd werd van zijn iPhone en er ware oerkreten van angst uit de cameraman kwamen, ontsnappend uit de gettobuurt waarin we door mij verzeild waren geraakt.

Die reis bestond uit mentale en fysieke uitdagingen. Zo beklom ik hangend aan een touwtje met knikkende knieën en heftige hoogtevrees de Orlando Towers in datzelfde Soweto. Ik zwierde met biggelende tranen achterstevoren van een afgrond terwijl ik een moeilijke rekensom probeerde op te lossen en sprong uit een vliegtuig terwijl ik coördinaten in mijn hoofd stampte. Merkwaardig was dat ik vaak na zo'n spontane en compleet idiote actie op de meest geniale ideeën kwam. Het maakte niet uit dat ik omringd was met vreemde insecten en de dokter van de set vierentwintig uur per dag met mij bezig was, ik voelde me na dit avontuur als nieuw. Herboren.

Reizen houdt het brein fit en elastisch, als een sportschool voor de geest. Het zorgt voor afleiding, prikkels en indrukken, en laat ons brein dat nou net maar al te fijn vinden. Onbekende situaties en nieuwe avonturen zorgen ervoor dat de hersenen weer nieuwe verbindingen maken en deze nieuwe verbindingen wakkeren onze creativiteit aan. We denken vaak dat we toe zijn aan een reis omdat we toe zijn aan rust, maar is dit echt wat ons doet verlangen naar vakantie? We houden het meest van de reizen die ons versteld doen staan, onze adem een paar seconden wegnemen of onze gedachten de vrije loop laten. Die ons brein doen prikkelen. Dit kan op de Veluwe zijn, wanneer je je bijna overweldigd voelt door het bomenlandschap dat zo ver reikt als je ogen kunnen kijken. Of het kunnen extremere, bijna angstige gevoelens zijn die voor zo'n adrenalinekick zorgen dat je naar meer snakt, zoals in Zuid-Afrika. Reizen is niet alleen goed, het is een verrijking voor een gezond, gelukkig leven.

BALI

Denpasar, 2018

Na een reis van vierentwintig uur zetten Tony en ik onze eerste stapjes op het vliegveld Bali Denpasar. Toen ik met het plan kwam om naar Indonesië te gaan voor drie volle weken was hij niet direct overtuigd geweest. Ik was zelf al naar veel verre plekken gereisd, maar voor hem was het een compleet nieuwe ervaring. Zou het me lukken Tony ook verliefd te laten worden op het reizen? Ik had er mijn twijfels bij; sommige mensen blijven nou eenmaal liever thuis, in een vertrouwde omgeving. En mijn voorgevoel zei me dat mijn lieve Spanjaard wel eens zo iemand zou kunnen zijn.

Het was al na middernacht en we waren kapot van de reis, dus probeerde ik onze rit naar het hotel zo soepel mogelijk te laten verlopen. Op internet had ik me van tevoren ingelezen over het hoge aantal neppe taxichauffeurs op Denpasar. Het werd daarom overal aangeraden om op zoek te gaan naar de officiële taxistand van het vliegveld en zo gezegd, zo gedaan. Een vriendelijke, vrij jonge chauffeur hielp ons met de koffers terwijl ik hem vroeg hoeveel de reis zou kosten. Ik kreeg een antwoord in roepia en ervan uitgaande dat het een standaard vliegveldtarief was, besloot ik in de taxi precies uit te rekenen hoeveel dat zou zijn. Een schoon hotelbed was het enige waar ik aan kon denken.

De anderhalf uur lange taxirit en het levensverhaal van de taxichauffeur verder stonden we op het punt om aan te komen. Nogmaals vroeg ik wat de prijs was, maar iets klopte er niet. Was een taxi dan zo duur? Stom genoeg had ik de exacte wisselkoers niet opgeschreven voor vertrek, maar iets in mij zei dat dit wel heel veel roepia's waren. Tony was er zeker van en vertelde mij keer op keer dat het bedrag niet zo hoog kon zijn. Ik daarentegen geloofde daar niets van. Deze meneer was zo aardig, ik heb zelfs zijn kinderen gezien, hij zou mij toch niet oplichten? Bovendien werkte hij direct voor het vliegveld zelf en had ik precies gedaan wat het internet mij adviseerde. Ik besloot te vertrouwen op de goedheid van de mens en kwam er na vijf minuten in het hotel achter dat we tachtig euro hadden betaald voor een ritje dat normaal twintig kost.

Canggu, onze eerste bestemming, was zacht uitgedrukt niet de mooiste buurt als je in de nacht aankomt. Tony zat er na het akkefietje dan ook helemaal doorheen. Waarom moest ik hem per se naar de andere kant van de wereld brengen, met alleen maar armoede en oplichters? Hadden we daar duizenden euro's voor betaald? Dat wat ik zo vreesde kwam uit.

Tony chagrijnig, ik opgelicht. Ik zag mijn prijzige droomvakantie al in rook opgaan en drie weken lang op een eiland zitten met een mokkende vriend met heimwee.

Tot er, slechts een paar uur erna, wat wonderbaarlijks gebeurde.

Ik werd de volgende ochtend vroeg wakker. Deels door de jetlag, maar vooral door het scherpe geluid van vogelgezang dat duidelijk door de houten hotelkamerdeuren te horen was. Nog een beetje verward en een tikkeltje geïrriteerd door de gebeurtenissen van de dag ervoor sloop ik voorzichtig uit bed en opende ik de gordijnen. Een oranjekleurige ochtendzon, die net boven de horizon kwam pieken, scheen me tegemoet. Ik opende de deuren en werd overvallen door een deken van warmte en klamheid. Het was pas na een paar seconden dat ik me realiseerde dat Tony naast mij stond. Beiden, verbluft door de schoonheid van Indonesië, keken we minutenlang naar de zonsopgang zonder ook maar een woord te wisselen.

Het was het begin van een drie weken lange droomreis, waarna Tony tot op de dag van vandaag heeft geroepen dat hij ooit naar Bali wil verhuizen.

Je wist misschien niet van het bestaan af, leefde rustig je leven, tot je daar kwam: op die ene plek. De omgeving, de cultuur, de mensen; in één klap was je verkocht. Voor je het wist, greep je elke vakantiedag aan als mogelijkheid om weer heel even daar te kunnen zijn. Om weer heel even te kunnen voelen wat je daar voelde. Afscheid nemen is elke keer weer zwaar en gaat vaak gepaard met een brok in je keel of een gevoel van leegte. Er weer komen voelt als thuiskomen, maar beter. Verliefd geworden op een plek, dat ben jij. Grote kans dat jij nu met een glimlach en lichte kriebels aan een bestemming denkt. Aan jouw bestemming. Tony werd die vakantie verliefd op de magische eilandvibes van Bali en zal er, ongeacht of hij weer voet zet op het eiland, altijd een speciaal plekje voor in zijn hart bewaren.

Canggu, Bali, 2019

Als ik aan Bali dacht, dacht ik aan surfen. En bij surfen dacht ik direct aan de stoere, gespierde en zongebruinde vrouwen die op Instagram verschijnen zodra ik de hashtag #surfchick intoets. Ja, ik wist het zeker: surfen zou helemaal mijn ding zijn. Meneer Spanjaard dacht daar niet helemaal hetzelfde over, maar met een nors hoofd besloot hij uiteindelijk toch maar mee te gaan. En dus gingen we niet veel later richting het strand voor onze allereerste surfles.

Het surfen ging ons beter af dan verwacht. Met een blij hoofd en vermoeide armen stonden we golf(je) na golf(je) op de (enorme beginners)-plank. Het hielp dat we ieder een fitte Balinees achter onze plank hadden hangen die ons elke golf exact toeschreeuwde wat we moesten doen, maar het gaf een verdomd voldaan gevoel. Toen mijn armen steeds zuurder aan begonnen te voelen van het paddelen en ik die twee uur durende les wel érg lang vond gaan duren, klonk onze verlossing: 'Hou je vast, het is tijd voor je laatste golf!' Dus daar ging ik, met trots en vermoeidheid, als een slak op haar plank de laatste babygolf over. Tony achtervolgde me en alles leek perfect te eindigen. Net toen ik dacht: 'Goh, wat een droom dit,' hoorde ik een brul van Tony.

Achter me trof ik Tony in het water aan, spetterend en springend van ellende, die de ene kreet na de andere uitbracht. Die kreten werden vervolgd door een reeks aan Spaans gescheld die ik jullie liever bespaar, gevolgd door: 'MIJN GROTETEENNAGEL LIGT ERAF!'

Tony, die inmiddels wit zag van zijn bungelende teennagel in combinatie met prikkend zeewater, zag er prompt niet meer zo stoer uit. In één klap was hij van knappe *surfdude* in een bleek, klein kwalletje veranderd. Met wat leek de slow motionfunctie van mijn camera werd hij geholpen door onze twee surfleraren, die hem zo op hun gemak hielpen dat het er

De beruchte kikker ;-)

Het hutje rechtsonder
was waar wij verbleven

eerder uitzag alsof ze een verse kokosnoot gingen halen in hun surfpauze. Met een vieze schaar en een minuscule pleister die je op je duim plakt als je drie bent werd hij vervolgens naar huis gestuurd. 'Huis' was overigens 2 kilometer verder, die we over het strand mochten afleggen. Nooit heb ik Tony zo moeilijk zien kijken terwijl hij op één been over het zand hinkte, met die kinderpleister op zijn grote aardappelteen. We eindigden die nacht in een klein ziekenhuis dat eerder op een hostel leek, waar Toon een verdoving in zijn grote teen kreeg en de teennagel, die nog aan een millimeter draadje huid hing, eraf werd getrokken. Het was wellicht geen Instagram-waardige situatie, maar we hadden wederom een hilarisch verhaal om met een lach op terug te kijken.

Ubud, Bali, diezelfde reis

Volgens de ouderwetse stempels ben ik een beetje de man in de relatie. Mijn vriend is dan de vrouw. Je zou het niet zeggen door zijn boze blik en dikke baard, maar over het algemeen maak ik de plannen, is hij gek op shoppen en ben ik degene die het eerst te hulp schiet als er iets smerigs gebeurt. Ik had wellicht ook beter moeten weten, toen ik in al mijn avonturierenthousiasme een bamboehutje boekte in *the middle of nowhere.* 'Ach,' dacht ik, 'hij ziet vast het romantische er wel van in.'

Ubud, bekend om zijn oneindige rijstvelden, ligt hoger op het eiland midden in de bergen. Het is al geen pretje om er te komen met al het verkeer op de weg, maar eenmaal daar is het al je roepia's meer dan waard. De twee uur lange filerit van de kust naar het binnenland werd afgewisseld door rijkdom en armoede, natuur en bouwvallen, cultuur en toerisme. Tony's ogen lichtten op toen ik hem vertelde dat we er bijna waren. Wat hij alleen niet wist, was dat we op dat moment precies door het levende, verlichte toeristische centrum reden – verre van dat wat er bij onze eindbestemming op ons wachtte. Het hutje dat ik geboekt had lag namelijk nog een klein halfuur op de scooter van al deze drukte af, omringd door niets meer dan rijstvelden en lokale bewoners.

'Waar heb je me nu weer mee naartoe genomen, Lau!' hoorde ik Tony achter me grommen toen we het schattige stenen paadje richting onze hut volgden. De klamheid was sterk te voelen en om ons heen hoorden we niets meer dan krekels. 'Wacht maar,' zei ik hoopvol. 'Het is het allemaal waard.' Vol enthousiasme en een tikkeltje angstig opende ik in één slag het dikke gordijn van onze hut en klikte ik het licht aan. Wat we daar toen aantroffen was inderdaad mooi: een tweepersoonsbed met de standaard zwanenhanddoekjes, een grote witte klamboe, een buitendouche... Het probleem was alleen dat we niet alleen waren.

Afgezien van de walm muggen die we moesten doorboren, stonden we oog in oog met een enorme dikke kikker op het raam naast ons bed. We werden opgeschrikt door een reusachtige libelle die van de klamboe omhoogvloog, keken vol afschuw toe hoe een vliegende moederspin terug in het gaatje van de muur kroop en vlogen een halve meter omhoog toen een gekko met volle borst 'gEkKoOoO' in ons oor toeterde. 'Tsja,' zei ik met een zo stoer mogelijke stem, 'wat verwacht je dan tussen de rijstvelden?'

Eenmaal in bed viel er 'iets' (achteraf gezien waarschijnlijk uitwerpselen van diezelfde gekko) van binnenuit onze klamboe zo op Tony's rand van het bed. Die begon hysterisch te schoppen en schreeuwen, maar hoe meer hij bewoog, hoe erger het werd. Het brokje uitwerpselen schilferde als het ware uit elkaar en bedekte binnen de kortste keren heel zijn kant van het bed. Die nacht sliep Tony, ondanks de snikhitte, van top tot teen bedekt en voelde ik hem bij elk onbekend geluidje een spastische stuiptrekking maken. Ik daarentegen had niet meer dan een onderbroek aan, om niet toe te geven dat mijn hutkeuze wellicht niet zo ideaal was als ik wilde dat het was. De dag erna werd ik wakker met meer muggenbulten dan beenharen, maar een avontuur was het zeker.

Akelig grote, vliegende insecten of teennagels bungelend aan een draadje: we kunnen er nu keihard om lachen. Opmerkelijk is dat zelfs de negatieve (reis)ervaringen na verloop der tijd omgezet worden in positieve. Soms zijn dit zelfs achteraf gezien de leukste ervaringen. En dat kan ik alleen maar beamen. Ik lach het hardst om die keer dat Tony en ik beiden een zogenaamde Bali-buik (oftewel, buikgriep op Bali) hadden omdat ik per se bij dat ene lokale schattige tentje voor een euro per persoon wilde eten. Toen kon ik alleen maar heel veel zelfmedelijden en misselijkheid voelen, nu is het de anekdote van elke verjaardag.

PERU

Chachapoyas, 2018

Na een krappe vlucht vanaf Lima kwamen we (twee andere blogcollega's en ik) aan op de luchthaven van Chachapoyas. Een luchthaven was een groot woord voor de drie bamboepalen en de enkele gammele bagageband die zich naast de landingsbaan bevonden. Chachapoyas is de hoofdplaats van de gelijknamige provincie, deel van het Peruaanse Amazonegebied en nog bijzonder onbekend onder de toeristen, ondanks de vele bezienswaardigheden.

Terwijl we hoopvol en een tikkeltje huiverig wachtten op onze rugzakken, kwam er een jonge, verrassend lange Peruaan voorzichtig op ons afgelopen. Hij stelde zich voor als Christian en bood ons drie flesjes water aan, die hij zorgvuldig uit zijn heuptas haalde. Veel zei hij niet, maar als hij wat zei klonk zijn stem diep en serieus.

Onze eerste dag in de regio zouden we beginnen in het dorpje Cocachimba, 700 kilometer ten noorden van de hoofdstad Lima. Op het eerste gezicht bestond dit kleine dorpje uit een voetbalveld en een paar alpaca's,

Voor de adembenemende Goctawaterval (2018)

maar schijn bedriegt. Weet je de weg, dan brengt dit dorpje je naar de op twee na grootste waterval op aarde, de Goctawaterval.

Met zijn vieren begonnen we aan de klim, zonder ook maar een woord uit Christian te krijgen. Hij plukte hier en daar wat bladeren waar hij vervolgens zorgvuldig op kauwde en riep ons hooguit toe als we de verkeerde richting op wandelden. Twee uur lang klauterden we heuvel op en af terwijl de zweetdruppels langs ons voorhoofd gleden. Het begon al aardig heet te worden en we vroegen ons langzaam maar zeker af of deze pittige klim het waard was. Het ging immers maar om een straaltje water dat van een berg af kletterde, met een beetje pech was dat straaltje zelfs niet meer dan een miezerig druppeltje water door de droge dagen die week.

Desondanks besloten we de vaart erin te houden, toen plots ons gekwebbel onderbroken werd door een vreemd, bijna akelig lawaai. Ik werd me bewust van het kippenvel dat ik over heel mijn lijf voelde en werd compleet overvallen door de immens grote waterval. Verbijsterd kwam ik dichterbij terwijl ik me nat liet regenen door de grote mistwolken. De kleurrijke, jungleachtige omgeving was veranderd in een grauwe, luidruchtige, prachtige droom. De snelheid en kracht waarmee het water neerkwam, veroorzaakte stormachtige luchtverplaatsingen waardoor we bijna omvergeblazen werden. Het was zacht uitgedrukt ontzagwekkend.

Dat dit immense natuurwonder pas in 2005 is ontdekt, is bijna niet te geloven. Eeuwenlang wisten de inwoners van Cocachimba, die direct uitkeken op de Goctawaterval, dit wereldwonder geheim te houden. Locals waren ervan overtuigd dat de waterval vol sirenes en demonen zat. Eenmaal daar, aan de voet van dit natuurverschijnsel, kon ik alleen maar mijn begrip voor deze gedachtes opbrengen. Het gedonder van het neerkletterende water galmt rond door de imponerende, grijze vallei. Daar wil je niet door gestraft worden.

Pas vijftien jaar terug besloot een Duitse ontdekkingsreiziger op onderzoek uit te gaan en enkele minder bijgelovige Peruanen uit de streek over te halen om hem de weg te wijzen, waarna de ontdekking met de rest van de wereld werd gedeeld.

In volkomen stilte begonnen we aan de terugweg, nog verwerkend wat we zojuist hadden mogen aanschouwen. Ook Christian had nog steeds niet veel uitgebracht. Dat vond ik merkwaardig, dus ik besloot een gesprekje in het Spaans aan te gaan. Toen ik een subtiele opmerking maakte over zijn stilte bleek algauw dat hij bijzonder veel gespreksstof had. Arme Christian had simpelweg niet onbeleefd willen zijn en ons daarom geen moment onderbroken in ons gekakel.

We kregen de meest unieke verhalen over de omgeving en de buurt te horen en Christian wist ons alles te vertellen over iedere plant die we tegenkwamen. Hij legde uit dat hij enorm gefascineerd was door zijn voorouders en zich diep verbonden voelde met de Inca- en Chachapoyastammen. Het was zijn levensmissie om hier zoveel mogelijk over te weten te komen en als het aan hem lag, hadden we het uren over archeologische vondsten en het feit dat ze honderden jaren v.Chr. al met een vorm van feminisme bezig waren.

Ons gesprek bleek goed uit te pakken, want diezelfde middag werden we door Christian uitgenodigd voor de bruiloft van een van zijn vrienden in het dorpje Cocochimba. Hoe vaak in je leven krijg je de kans om een bruiloft in een piepklein dorpje in het Amazonegebied bij te wonen? Onze rugtas bestond voornamelijk uit bergkleding, dus gingen we fanatiek op jacht naar een degelijke outfit. Je zou verwachten dat de prijzen laag liggen in zo'n onbekend en klein dorp, maar het tegendeel was waar. De enkele winkel die we vonden had voornamelijk jurkjes van marktkwaliteit, maar met de prijzen van merkkleding. We besloten daarom toch maar het risico te nemen en een simpele strandjurk met een trui erover aan te trekken.

In een poging onze look nog iets op te krikken deden we een halfuur over onze make-up. Vol goede moed en een tikkeltje gegeneerd stapten we naar buiten. Het feest was niet te missen.

Op het voetbalveldje midden in het dorp was plaatsgemaakt voor een podium waar tien uiterst vrolijke en opgedofte Peruanen hun gitaar bespeelden en ritmische klanken uit hun keel lieten ontsnappen. In het midden stond een kleine, prachtige Peruaanse stevig en zelfverzekerd salsapasjes uit te voeren. Ik stelde me voor dat zij daar stond als een levensecht *Just Dance*-animatiepopje dat als inspiratie voor de gasten diende. De gasten daarentegen stonden erbij alsof ze op een regenachtige zondagochtend naar een amateurvoetbalwedstrijdje van hun zoon aan het kijken waren. Direct realiseerden we ons dat we met onze strandjurk, niet underdressed, maar zwaar óverdresssed waren. De genodigden stonden opgedeeld in kringetjes, in spijkerbroek en T-shirts, hooguit een overhemd hier en daar, stilletjes voor zich uit te staren. Zodra er een nieuw nummer werd gezongen door de band kwamen er enkele gasten naar het midden van die groepjes om te dansen, waarna ze bij het laatste woord van het nummer weer terug naar hun plek gingen. Dit was een vreemd en onpraktisch maar vooral grappig gebeuren, omdat dit zich steeds herhaalde. Er ging hier en daar een fles sterkedrank rond en ongemakkelijk plaatsten we ons tussen een groepje locals.

Beetje bij beetje zagen we hoe de Peruanen aangeschoten raakten – en hoe meer drank erin ging, hoe losser ze werden. Er dansten steeds meer mensen, inclusief de bruid in spijkerbroek, en het leek zowaar een feest te worden. Ik werd door mannetjes van alle leeftijden netjes ten dans gevraagd als de muziek begon, waarbij ze met al het geduld van de wereld mij salsapasjes leerden. De stille, beschaafde Christian zag er ineens niet meer zo serieus uit. Hij zweette, keek wazig uit zijn ogen en fluisterde mij bloedserieus in mijn oor: 'Laura, wil je weten wat ik van jullie denk?' Ik antwoordde niet, maar hij ging steevast verder. 'Marieke blijft een beetje mysterieus, ze praat niet veel. Annemarie wil ik een aai over haar krullenbol geven. En jij, jij bent als een Chinese vaas. Op de kast, in de woonkamer.' 'Wat?' vroeg ik, terwijl ik een lach probeerde te onderdrukken. 'Een Chinese, grote, artistieke vaas,' stamelde hij met dubbele tong. Voordat ik de kans kreeg hierop te reageren, werd ik in een zwaai meegenomen door een van zijn vrienden, ooms of kennissen en draaide ik alweer salsarondjes in de menigte.

Op reis ontmoet je opvallende mensen. Wat Christian precies wilde zeggen is me nog steeds niet duidelijk, maar ik zal voor hem altijd een Chinese vaas zijn.

WAAROM IEDEREEN ZOU MOETEN REIZEN

Je hoeft niet naar de andere kant van de wereld om het ontembaar verlangen naar reizen te bevredigen en het hoeft evenmin veel geld te kosten. Reizen kan door Azië, maar ook op een uur rijden van jouw huis af. Zolang je maar omringd wordt door nieuwe omgevingen, gekriebeld door nieuwe ervaringen. Dat kunnen zelfs minder positieve ervaringen zijn, als je maar voor heel even uit de internetgekte en millennialdruk kan worden getrokken. Ik duik nog vaak genoeg terug in de tijd om via mijn YouTube-kanaal mijn reisavonturen te herleven. Met het enthousiasme van een negenjarige haal ik dan herinneringen op onder het genot van een glas wijn, alsof ik dat niet al tien keer eerder heb gedaan. Ik stak mijn welverdiende centen eerst voornamelijk in churroapparaten en dure Vespa's. Nu denk ik twee keer na voordat ik iets aanschaf, rijd ik in een oude bak, maar heb ik wel voldoende geld op mijn spaarrekening staan om binnenkort weer mijn koffers te kunnen pakken. Spullen kunnen daar niet tegenop.

We kopen over het algemeen fysieke objecten om onszelf gelukkig te maken. Het is een snelle manier om het fijne stofje endorfine aan te wakkeren. Er gaat niets boven het eraf peuteren van het plastic velletje van je gloednieuwe telefoon (foei naar degenen die dit erop laten zitten!) en het voelt goed om complimenten te krijgen over je nieuwe tas. Zodra je echter voor de zoveelste keer op kantoor aankomt met je tas en hij er beetje bij beetje meer afgetakeld uit gaan zien, ebt dat blije gevoel weg. Iedereen heeft binnen de kortste keren diezelfde iPhone en je kijkt niet meer op van de snelheid en kwaliteit van de foto's. We raken snel gewend aan nieuwe situaties en objecten. Spullen geven een kort maar krachtig moment van blijdschap, maar de lat zal altijd hoger moeten worden gelegd om datzelfde gevoel te blijven evenaren. Geef jezelf daarom liever een mooie ervaring cadeau. Ook die gaat over met de tijd, maar de herinneringen draag je voor altijd bij je.

Ga eropuit, wanneer je de kans krijgt. Ver of dichtbij. Mét en zonder planning. De herinneringen die je aan je avontuur overhoudt zullen de rest van je leven voor vreugde zorgen. Reizen is daarom investeren in jezelf én in je (mentale) gezondheid. Wat is jouw volgende bestemming?

5

#HAPPYLIFE

Ben jij gelukkig? Zou jij, als je vandaag te horen krijgt dat het morgen je laatste dag is, tevreden terugkijken op de tijd die je hebt gehad op deze aardbol?

Ik kan me het exacte moment niet meer herinneren, maar ergens in de afgelopen jaren veranderde er iets in mijn hersenspinsels. Het was alsof er een piepklein mensje mijn brein in was geklauterd en de *#happylife*-knop activeerde. Zomaar. Zonder waarschuwing, zonder handleiding. Begrijp me niet verkeerd, vóór dat exacte moment leefde ik ook een – wat ik nu noem – heerlijk en gelukkig leven. Maar het was een ander soort manier van leven. Ik deed mijn dingen zonder daar te diep over na te denken, alsof ik in een trein zat en uit het raampje staarde, maar nooit echt de tijd nam om dingen in me op te nemen of uit te stappen. En tuurlijk, het was allemaal fijn, leuk en behoorlijk vermakelijk. Inmiddels weet je dat ik wel van een feestje hield en die ambitie zat altijd al in me. Ik had doelen op het gebied van de liefde, carrière en reizen. Maar er was één element waar ik nooit eerder bij stil had gestaan. Een element dat zo groot is, dat het misschien wel alle andere elementen overkoepelt: geluk. Of ik gelukkig was of wat geluk überhaupt voor mij betekende, daar had ik tot dat ene moment nog nooit eerder over nagedacht.

Dat ik hier nooit bewust bij had stilgestaan, is nu bijna niet meer in te denken. Tegenwoordig is geluk namelijk iets wat altijd op de achtergrond door mijn hoofd dwarrelt, alsof het er altijd al is geweest. En ik weet dat ik niet de enige ben. Millennials zijn meer dan ooit bezig met de zoektocht naar geluk. Dat komt met een hoop bewustzijn, maar ook een hoop onbegrip. De onzekerheden, de vragen. Want voel ik me echt gelukkig? Zullen de keuzes die ik vandaag maak er ook voor zorgen dat ik een gelukkige toekomst tegemoet ga? Het zijn spannende, angstaanjagende vragen. Ik ben nog te jong om te weten hoe een midlifecrisis eruitziet, maar kan me zo voorstellen dat het hier iets van weg heeft. Ik geloof soms zelfs dat de midlifecrisis van voorgaande generaties misschien wel de quarterlifecrisis van nu is. Ik zie veel frustratie, angst en verwarring om me heen. Te veel jongvolwassenen die continu op de automatische piloot in hun online wereld leven of te veel met de toekomst bezig zijn en daardoor het heden missen. Wie houd ik voor de gek, zelf doe ik daar vaak genoeg keihard aan mee. Zo is mijn onderbewustzijn er nu van overtuigd dat ik me compleet zal voelen zodra dit boek gepubliceerd wordt. Mijn bewustzijn daarentegen, weet dat dat onzin is. Net zoals ik dat dacht over het behalen van een *verified badge* op Instagram en het presenteren van een programma. Beide dingen gaven me inderdaad een korte, sterke adrenalinekick, maar uiteindelijk vervaagde die weer en bleef ik met hetzelfde neutrale gevoel achter.

Waarom struggelen we toch zoveel met geluk, en, bestaat er überhaupt een antwoord op?

DE EEUWIGE ERKENNINGSLAAG

'Doe vooral waar je gelukkig van wordt!' We zijn waarschijnlijk de eerste generatie bij wie het er zo werd in gestampt. Bij voorgaande generaties werd het carrièrepad voornamelijk uitgestippeld door de ouders. Zo was het vaak vanzelfsprekender dat je ging studeren als je ouders dat ook hadden gedaan, of andersom om in de ambacht of het bedrijf van de familie verder te rollen. Bij latere generaties zoals die van onze ouders was dit al minder, maar de focus lag nog niet zo erg op geluk als nu. Misschien dat daardoor de verwachtingen van onze generatie zo hoog werden: onze ouders kwamen erachter dat zelfs de relatief goede leefomstandigheden (geen oorlogen en een toename van de welvaart) er niet per definitie voor zorgden dat ze gelukkig waren. Betekent dat dat de voorgaande generaties het slecht hadden? Dat denk ik niet. Ik denk wel eens dat het feit dat vorige generaties minder bezig waren met geluk, ze misschien zelfs wel gelukkiger maakte.

Misschien heb je wel eens van de Maslow-piramide gehoord. Pas als we de basisbehoeften hebben behaald, kunnen we ons op de volgende fase uit de piramide focussen. Laten we er eens snel doorheen lopen en kijken hoe hoog onze generatie scoort. Met op de eerste laag primaire, fysieke behoeften. Check, in een welvaartland als Nederland zit dat bijna altijd goed. Tweede laag, bestaanszekerheid? Ook dit zal de meerderheid kunnen afvinken. Nummer drie: sociale behoeften. Opties genoeg, en zo niet, komen we er zelfs met alle social media wel. Dan hebben we de erkenningslaag. Hoe zit het daar mee? Vaak wel oké. Nogmaals, met alle kansen die op ons pad liggen, is de kans groot dat we die erkenning behalen, uit bijvoorbeeld ons werk, de studie of vrijwilligersactiviteiten. Op de middelbare school wordt er vooral op gehamerd dat we een baan moeten vinden die bij ons past, een baan waar we voldoening uit halen. En dus spenderen we een groot deel van onze tienerjaren aan het behalen van het juiste diploma voor die ene droombaan of ambitie, in de verwachting ons compleet te voelen zodra we daar aankomen. Maar, en daar komt het probleem, er is nog één laag boven de erkenningslaag. De kers op de taart, het uiterste puntje van de piramide. Zodra we de laag erkenning behalen, komen we voor de kleinste maar misschien wel meest uitdagende laag te staan: de zelfontplooiingslaag. In de laatste laag zijn we ineens gedwongen onszelf een spiegel voor te zetten. Hoe kunnen we onszelf blijven ontwikkelen? Wie zijn we, wat willen we? En hoe worden we gelukkig?

De afgelopen maanden heb ik me verdiept in de definitie van geluk en hoe we op verschillende plekken op de wereld naar geluk kijken. Ik las over verschillende geluksmethodes en -filosofieën, bekeek generatieslange studies en misschien nog wel belangrijker: hield mijn eigen staat van geluk vooral goed in de gaten. Mijn ondervindingen wil ik graag met je delen, in het laatste en daarmee meest gelukkige hoofdstuk uit dit boek.

GELUKSSPEL

In 2016 verrichte onze Nationale Postcode Loterij een grootschalig onderzoek onder ruim 1800 loterijwinnaars. Deze geluksvogels hadden ieder minimaal een prijs van 10.000 euro of meer gewonnen, waarvan er 61 zelfs meer dan een miljoen in hun zak staken. Aan iedere deelnemer werden vragen gesteld over geluk, vrijheid en hun (nieuwe) levensstijl. Maar al snel bleek volgens een opmerkelijke uitkomst, dat geld en geluk niet hand in hand gaan. Want, hoewel 84 procent van de miljonairs aangaf met de nieuwe situatie meer vrijheid te hebben, stelde 74 procent zich niet gelukkiger te voelen dan voor het winnen van deze enorme geldsom.

Een gloednieuwe auto, promotie krijgen op je werk of de loterij winnen. In ons hoofd denken we donders goed te weten wat ons gelukkig zou maken. Vraag je me nu wat in mijn belevenis mijn leven perfect zou maken, dan zou dat een groot vrijstaand huis in Málaga zijn. Inclusief zwembad en uitzicht op zee. En als we toch bezig zijn, een goedgevulde rekening om eens in het jaar drie maanden op reis te kunnen. Maar wat nou als ik je vertel dat dit onzin is? Dat ons brein ons constant verkeerde

signalen geeft en ons daardoor vaak de verkeerde richting op stuurt? We zijn het er waarschijnlijk beiden over eens dat een hoger inkomen ruimte geeft tot nog meer vrijheid (ervan uitgaande dat er niet meer gewerkt moet worden) en ons dus nog gelukkiger zou maken. Maar onderzoek (Lyubomirsky, 2008) laat ons het tegendeel zien. De studie stelde aan mensen vanuit verschillende inkomensschalen de vraag: 'Hoeveel geld heb je nodig om écht gelukkig te zijn?' De ondervraagden met een inkomen van 30.000 dollar waren ervan overtuigd 50.000 nodig te hebben om gelukkig te zijn. Maar de mensen die dat inkomen van 50.000 dollar al hadden, wisten zeker dat ze op hun beurt weer het dubbele nodig hadden. Zelfs de mensen met een inkomen van 100.000 dollar, die dezelfde vraag werd gesteld, antwoordden dat ze 250.000 nodig hadden om écht geluk te ervaren.

Eerder in dit boek had ik het over mijn eerste bijbaantje en de € 32,10 die op mijn rekening kwam te staan. Hoewel het bedrag niet eens hoog genoeg was om een fatsoenlijk etentje voor twee van te betalen, was het op dat moment genoeg voor mij. Ik ging van niets naar iets. Hetzelfde gebeurde toen ik voor het eerst op kantoor kwam te werken en mijn loonstrook ontving. Met dit geld kon ik namelijk de stap nemen om mijn ouderlijk huis te verlaten en op eigen benen te staan. Wederom zorgde geld ervoor dat ik meer vrijheid en onafhankelijkheid ervaarde en me dus gelukkiger ging voelen dan ik deed. Zo ging dit door toen ik een auto kocht, ik eindelijk verre reizen kon maken van mijn zelf verdiende geld en ik kan nu al fantaseren over het moment dat ik mijn eigen koophuis koop. Bijna een kwarteeuw op deze aardbol, een kwarteeuw waarbij keer op keer bevestigd wordt dat geld mij inderdaad indirect gelukkig maakt. Wat maakt dan dat hoeveel ons inkomen ook groeit, ons geluksniveau op een gegeven moment stagneert?

Maandenlang besteed je aan het plannen van die perfecte verre reis. Je wilt niet alleen het meeste uit de ervaring halen, maar geniet ook oprecht van alle voorpret. Zongebruinde wangen, een klein briesje door je haren en met een fijn boek in je handen kan je het al helemaal voorstellen. Dit kan niet perfecter worden.

Wij mensen zijn de eerste dieren op aarde die niet alleen bepaalde dingen of gebeurtenissen kunnen indenken voordat ze gebeurd zijn, maar zelfs die we nog nooit gezien, gehoord of gevoeld hebben. Denk aan spirituele wezens of aan de verhalen van Stephen King. We gaan daarbij heel ver en kunnen tot in de details beelden en gedachtes oproepen van hoe onze bruiloft eruit zal zien, wat we zouden doen met een miljoen of hoe gelukkig we ons zullen voelen op een wereldreis.

Deze eigenschap kwam niet van de een op de andere dag. Twee miljoen jaar terug deden de eerste aapmensen simpelweg wat elk ander dier op de aarde ook deed: eten, slapen, een beetje jagen en beschutting zoeken. Tot er iets opmerkelijks gebeurde in ons brein. In plaats van na te denken over waar we heen moesten vluchten zodra er een sabeltandtijger aan kwam, konden we ineens doen alsof er eentje aankwam om andere mensen om de tuin te leiden. Die opmerkelijke revolutie van het brein heeft ervoor gezorgd dat wij nu staan waar we staan. Het maakt dat je waarschijnlijk niet snel pindakaas met filet americain eet, omdat je je al kunt voorstellen dat dat waarschijnlijk geen lekkere combinatie zou zijn (maar wie weet, probeer jij het?). Ja, het menselijk brein is indrukwekkend en in bizar veel massa toegenomen sinds die eerste aapmensen, maar dat betekent niet dat we een perfect resultaat van de natuur zijn. In werkelijkheid zijn we nog steeds een evoluerend prototype. We zijn niet het eindpunt maar nog steeds deel van diezelfde evolutie en hebben relatief gezien nog maar een heel klein aandeel gehad in de geschiedenis van de aarde.

Na je maandenlange voorbereiding is het moment eindelijk daar: je stapt op het vliegtuig onderweg naar je droomvakantie. Eenmaal aan het zwembad zit je inderdaad met een boek in je hand in de zon, maar kun je er misschien toch niet zo van genieten als je had eigenlijk had gewild. Die zon op je snoet wordt al snel veel te heet en iedere poging tot lezen wordt verstoord door een krijsende baby op het ligbedje naast je.

Een van de grootste fouten die onze soort lijkt te maken is dat we compleet de impact overschatten van de dingen en gebeurtenissen die we ons inbeelden. Deze zogeheten *impact bias* bewijst dat we onwijs slecht zijn in het voorspellen van onze emotionele toestand. Psycholoog Dan Gilbert schrijft hierover in zijn boek *Stumbling on Happinness* (2006) en bespreekt de vele manieren waarop we verkeerd inschatten hoe situaties ons gelukkig of verdrietig zullen maken. Het vermogen van inschatting van de mens is indrukwekkend. Zelfs zo indrukwekkend, dat het nadenken over iets wat je gelukkig zou maken dezelfde hoeveelheid geluk brengt als wanneer het daadwerkelijk gebeurt. Wij mensen zijn in staat om dat exacte gevoel van geluk te creëren, zelfs zonder het te ervaren. Dit verklaart waarom velen (kuch, ik!) zo genieten van het boeken van een vakantie of het voorbereiden van een bruiloft. Je ervaart er minstens net zoveel plezier aan als aan het moment zelf, of soms zelfs dus ietsje meer.

Het moment dat RunningLau.com offline ging en ik al mijn werk als sneeuw voor de zon zag verdwijnen, dacht ik dat dat het allerergste was wat me op dat moment kon gebeuren. Ik ging ervan uit dat het voorbij was en dat er niets meer aan te doen zou zijn. *Silly me.* Twee maanden later had ik nog steeds mijn oude artikelen niet terug (en die zou ik ook nooit meer terugkrijgen), maar was ik gewoon weer fanatiek aan het schrijven. Natuurlijk baalde ik van wat er gebeurd was, maar deze domper zorgde ervoor dat ik uiteindelijk besloot mijn hele website te renoveren. Het doemscenario in mijn hoofd had ik wederom veel erger gemaakt dan het allemaal uiteindelijk bleek te zijn. Ik kwam er zelfs beter uit dan dat ik erin ging.

Wat zou je gelukkiger maken: morgen een miljoen op je bankrekening, of een auto-ongeluk waarbij je beide benen verliest? Hier hoef je waarschijnlijk niet lang over na te denken. We gaan er allemaal blind van uit dat een miljoen (veel) van onze problemen zou oplossen, waar bij een ongeluk onze levenskwaliteit alleen maar zou afnemen. Een inmiddels wereldberoemd onderzoek uit 1978 zocht het uit: ze vroegen recente winnaars van de Illinois State Lottery en recente slachtoffers van catastrofale ongevallen, die nu een dwarslaesie hadden of verlamd waren, naar hun geluksniveau. De uitkomsten waren verrassend: het geluksniveau van zowel de mevrouw die een miljoen wint als de meneer die zijn benen verliest, bleek namelijk niet veel te verschillen. Gemiddeld lag, op een schaal van 5, het alledaags gelukcijfer van de loterijwinnaars op 3,33. Het gemiddelde van de slachtoffers van de ongevallen lag op 3,48. De loterijwinnaars rapporteerden wél meer huidig geluk dan de slachtoffers van een ongeval (gemiddeld 4 van de 5, vergeleken met 2,96 van de slachtoffers), maar zoals de auteurs opmerken: 'De beoordeling van de slachtoffers van een catastrofaal ongeval ligt nog steeds boven het middelpunt van de schaal... en de slachtoffers van het ongeval leken lang niet zo ongelukkig als verwacht.'

Ik hoor je nu zuchten, je ogen rollen of misschien sla je dit boek wel gewoon compleet dicht en zet je het op Marktplaats. Want dat zeggen ze allemaal, maar daar geloof je natuurlijk geen drol van. Maar, *hold on for a sec*, want er is wel degelijk een goede verklaring voor. Traumatische gebeurtenissen hebben de neiging dat te triggeren wat Gilbert ons 'psychologische immuunsysteem' noemt. Dit immuunsysteem stimuleert het vermogen van onze hersenen om een helse situatie toch positief en zelfs met geluk op te vangen. 'Mensen zijn zich niet bewust van het feit dat hun afweer eerder wordt veroorzaakt door intens dan door mild lijden. Daardoor voorspellen ze hun eigen emotionele reacties op tegenslagen van verschillende grootte verkeerd,' aldus Gilbert.

Andersom gebeurt precies hetzelfde. Onderzoekers noemen dit fenomeen de impact bias, omdat we geneigd zijn zowel de lengte als intensiteit van geluk compleet te overschatten en dus onze toekomstige emotionele toestanden totaal verkeerd te voorspellen. Andersom zijn we ook geneigd om doemsituaties nog erger te verwachten dan ze uiteindelijk zijn. Zo hebben we in de maatschappij over het algemeen de verwachting dat rijke mensen gelukkig zijn. Want hoe fijn klinkt het om je baan op te kunnen zeggen en de wereld over te reizen, mensen te kunnen helpen en geen zorgen te hebben? In werkelijkheid valt het vrijwel altijd tegen. Dit zorgt daarom juist bij de rijkere mensen vaak voor een gevoel van schuld of schaamte. Want als zij hebben wat iedereen wil hebben, hoe kan het dan dat ze alsnog niet ultiem geluk ervaren?

Het is een warme zomeravond in augustus, als ik de haven van Málaga in kom joggen en verblind word door een overweldigende zonsondergang. Roze, geel, oranje, paars, rood. Alle kleuren smelten in elkaar alsof het nooit anders is geweest. Terwijl ik op een drafje langs de wiebelende boten jog, neem ik alles in me op. De geur van de zee. Het geluid van de meeuwen. Het geroezemoes van de toeristen, die nog een laatste avondwandeling maken. Even voel ik een sterk gevoel van puur geluk, een sensatie waar ik me aan vast wil klampen en die ik nooit meer los wil laten. Ik sluit zelfs een fractie van een seconde al joggend mijn ogen. Maar dan gebeurt er iets. Plots word ik me bewust van dit moment van puur geluk en verandert het geluk in een treurig, sloom gevoel. Ik realiseer me namelijk dat ik dit pure geluksgevoel niet altijd kan voelen, waardoor ik het al mis terwijl ik het nog voel.

We zijn zo geprogrammeerd dat we na een tijd van geluk altijd weer kalmeren en op onze zogeheten emotionele basis belanden. De basis waar we niet gelukkig maar ook niet ongelukkig zijn. Deze theorie werd in het leven geroepen door psycholoog Richard Solomon en heet de *opponent process*-theorie (1974). In het kort betekent het dat wanneer je een sterkte emotie voelt, je bijna altijd de tegenovergestelde emotie erna voelt. En gek is het niet: beeld je heel even de dag in dat je je rijbewijs haalde, voor het eerst verliefd werd of dat cadeautje kreeg waar je zo lang op had gehoopt. Voel je die grote golf van geluk en opwinding weer? Stel je nu eens voor dat je je constant zo voelt, een week lang, misschien zelfs een jaar lang. Dit zou extreem vermoeiend en zelfs gevaarlijk zijn, het is een constante staat van hoge hartslag en bloeddruk, die je misschien zelfs fataal kan worden. Om onze gezondheid te waarborgen zijn er mechanismen in ons lichaam die deze storingen in ons emotionele systeem tegengaan. Dat verklaart waarom we ons na een intens moment van geluk soms vlak hierna een beetje down voelen. Het is een simpele reactie van ons lichaam dat reageert op een uitdaging. Andersom werkt dit ook, zelfs in ons voordeel. Neem nou een relatiebreuk, bijvoorbeeld. Het kan het einde van de wereld lijken, maar negen van de tien keer zal iemand na afloop van een relatiebreuk zeggen dat het eigenlijk wel meeviel. Vaak komen we er zelfs beter uit, zoals je in hoofdstuk één al kon lezen. Geluk is dus altijd een vakantie, geen *happily ever after*.

Onthoud, de volgende keer dat je torenhoge verwachtingen hebt of juist hele doemscenario's in je hoofd afspeelt: *good things won't be as good, bad things won't be as bad.*

NIET POSITIEF DENKEN, MAAR DOEN

Denk eens terug aan de laatste keer dat je een werkvergadering had en van je manager of baas te horen kreeg wat je positieve punten waren, en aan de andere kant, waar er nog ruimte was voor verbetering. Of aan dat gesprek met je scriptiebegeleider. Waar heb je mee lopen malen toen je thuiskwam na die lange werkdag? Wat zat er de volgende dag in je hoofd? De tien positieve punten of dat ene verbeterpuntje? Dagelijks krijg ik honderden positieve reacties op artikelen, video's en foto's. Die reacties doen me goed, ongetwijfeld. Maar er hoeft maar één flink negatieve reactie onder mijn content te verschijnen en ik heb minstens een uur een rotgevoel. Waarschijnlijk is dan ook datgeen waar je over nadenkt na het ontvangen van feedback niet het positieve, maar het negatieve. Het negatieve wint altijd onze aandacht en ons gepieker, boven het positieve. Een positieve reactie maakt niet dat een negatieve reactie ons niets doet. In mijn geval maken honderden positieve reacties zelfs een negatieve niet goed en dat zat me dwars. Waarom blijft het negatieve toch vaak onze aandacht trekken, zelfs al zijn we onafhankelijk, zeker van onszelf en staan we open voor kritiek?

Door de jaren dat we op deze aardbol rondlopen, hebben we een zogeheten *negativity bias* geëvolueerd. Deze bias helpt ons om ons te focussen op onprettige of mogelijk gevaarlijke gebeurtenissen. Dit was in het verleden een geweldige eigenschap, toen we nog tussen de roofdieren om ons plekje op de wereld moesten vechten. Tegenwoordig gebeurt het zelden dat we op de uitkijk moeten staan voor een leeuwenaanval, maar ons brein is niet zo hard mee geëvolueerd met onze leefomstandigheden. Ons brein maakt in het dagelijks leven dan ook nog steeds gebruik van deze staat van alertheid. Als je compleet gelukkig zou zijn, zou je niet meer geven om al die sabeltandtijgers op de weg en evenmin de behoefte hebben om een kind of twee op de wereld te zetten. Dat komt de natuur niet goed uit. Het is vrij simpel: je brein maakt zich zorgen om jouw veiligheid, niet zozeer om jouw geluk. Betekent dat dat geluk een onmogelijke uitkomst is? Potverdorie, natuurlijk niet. Het betekent wel dat het normaal is dat het negatieve soms de overhand neemt. Het is deel van onze natuur en daarmee dus ook deel van ons.

De Zweedse psychologe Katarina Blom kwam met een prachtige theorie over waarom we ondanks het feit dat we over deze informatie beschikken, er toch vaak niet in slagen om de negatieve gedachten om te zetten in positieve. We proberen negatieve gedachten vaak te bevechten met positieve gedachten, zoals hierboven omschreven bij het voorbeeld van mijn negatieve comments. En daar gaat het mis. Negatieve gedachten kunnen niet altijd bestreden worden met positieve gedachten, daar zijn onze breinen niet naar geprogrammeerd. Volgens Blom kunnen we ze wel bestrijden met positieve acties. Geen gedachten, maar handelingen. Sommige handelingen zijn daarin krachtiger dan andere. Acties die je kunt ondernemen om inderdaad meer geluk te ervaren, zelfs al lijkt dat soms onmogelijk. We weten dat, willen we fitter of gezonder leven, we keer op keer acties moeten ondernemen (zoals sporten, gezonde boodschappen doen, et cetera) om ook echt dit einddoel te behalen. Maar we kijken vaak niet hetzelfde naar onze mentale gezondheid. Jouw mentale gezondheid vereist dezelfde stappen als je fysieke gezondheid. Doe je niets, dan gebeurt er niets.

Praten voor een (grote) groep mensen is spannend, dat weet iedereen. Het schijnt zelfs voor 70 procent van ons een nachtmerrie te zijn, zoals het dat voor mij was. Al van jongs af aan kon ik dagenlang last van maagpijn hebben als ik wist dat ik voor een grote groep mensen zou moeten praten. Het besef dat er zo veel ogen op mij gericht waren en de angst voor een black-out maakten dat ik me de ergste situaties voorstelde (daar hebben we de impact bias weer) en dagenlang mezelf aan het martelen was. Dit frustreerde me enorm, want ik wilde die angst helemaal niet hebben. Ik hield van presenteren, dus wat was dit nu voor een onzin! Uren spendeerde ik op het internet op zoek naar tips om die plankenkoorts tegen te gaan. Maar zonder resultaat. Het waren namelijk allemaal motivatietalks, allemaal woorden. Ze maakten inderdaad dat ik vaak tijdens het zien van de video dacht: daar heb je gelijk in, de volgende keer zijn die zenuwen helemaal niet nodig! Maar uiteindelijk eindigde ik voor de grote dag toch weer op het toilet. Tot ik op een dag weer de kans kreeg voor een iets kleinere groep te praten in de vorm van een workshop. Ik besloot dat het de hoogste tijd werd om van deze angst af te komen en het te doen. Aan deze presentatie gingen weer dagen vol nare zenuwen vooraf, maar toen de dag eenmaal aanbrak, bleek alles vlekkeloos te verlopen. De keer daarop was daardoor al iets minder spannend, en de keer daarop nóg minder. Om van deze zenuwen af te komen had ik acties nodig in plaats van woorden. Acties, in de vorm van regelmatig mijn angsten onder ogen komen, konden zo beetje bij beetje mijn negatieve gedachtes beïnvloeden en omzetten in positieve. Grappig is dat mijn grote angst, een black-out, mij vrij recent is overkomen, en het helemaal niet zo afschuwelijk was als ik had verwacht. Ik werd niet in mijn gezicht uitgelachen en viel niet spontaan flauw. Door mijn luchtige houding en groeiende zelfvertrouwen kon ik mijn verhaal binnen de kortste keren weer oppakken en er zelfs een grapje over maken.

Wetende dat ons brein het negatieve in de spotlight zet en dat een positieve gedachte dit niet ineens beter maakt, moeten we beginnen met actie te ondernemen. Wil je dus iets veranderen, of dit nou op fysiek, mentaal of sociaal gebied is, begin dan met de eerste stap te zetten. Mijn woorden zijn niet genoeg. Je zult zelf iets moeten ondernemen, want acties zijn sterker dan gedachten wanneer het op geluk aankomt. Stop met denken/piekeren/stressen en doe het.

GEEN VRIENDEN

Op 2 augustus 2017 schreef ik iets in een draft op mijn blog dat vervolgens nooit gepubliceerd zou worden. Uit schaamte, misschien. Of omdat ik het gewoon even van me wilde af schrijven, als een soort digitaal dagboek waar niemand toegang tot had behalve ik. Terugkijkend op die tijd kan ik me bijna niet voorstellen dat ik me zo voelde, maar het volgende stukje is toch echt het keiharde bewijs:

Ik weet het even niet meer. Ik woon inmiddels iets langer dan een jaar in Spanje en heb alles wat mijn hartje begeert: een knus huisje in het centrum van een prachtige Spaanse stad, lieve vriend en vooral heel veel tapas om me heen. En toch blijft er maar iets knagen. Iets wat me al een lange tijd dwarszit. Overdag heb ik nergens last van, over het algemeen begin ik de ochtend samen met Tony in een leuk ontbijttentje en vervolgens ben ik zo druk met mijn werk bezig dat er vrijwel geen tijd is voor negatieve gedachtes. Het is pas wanneer de avond aanbreekt en Tony nog tot laat werkt, dat dat nare gevoel omhoog komt borrelen. Of wanneer Tony weg is met vrienden, wat natuurlijk onwijs leuk is voor hem, maar wanneer ik niet zo goed weet wat ik nou moet. Dat is gek, want al zo lang ik me kan herinneren, ben ik iemand die graag alleen is. Geef me een goed boek, een pen en papier of een leuke serie, en je ziet me de hele dag niet. Maar nu merk ik dat dat gevoel van vrijheid, langzaam in eenzaamheid verandert. Want dat is het namelijk: ik voel me alleen.

Ik zegde alles op voor de liefde, liefde voor een Spaanse *guapo* en het prachtige Spanje en volgde mijn hart. Op het begin was dit te gek. Van het uitzoeken van een appartementje tot het inrichten ervan, van me settelen in een nieuwe stad en de buurt verkennen, er was altijd wel iets te doen. Tot nu. We zitten hier nu een jaar, wat betekent dat het nieuwste ervanaf is. Samen hebben we het te gek, dat is het niet. Maar zelfs een goede relatie heeft afleiding nodig. Contact met anderen. Vriendschappen. Tony heeft inmiddels een goede vriendenkring hier in Málaga, maar het lijkt mij op de een of andere manier maar niet te lukken. Ik heb alles geprobeerd: aangepapt met de vriendinnen van Tony's vrienden en ik ben zelfs op een nieuwe sport gegaan om onder de mensen te komen. Maar het is het allemaal net niet. Het zijn oppervlakkige contacten. Niet eens vage vrienden te noemen.

Nu meer dan ooit denk ik terug aan de vriendinnen die ik had in Purmerend en wat een bofkont ik wel niet was. Die contacten zijn de afgelopen jaren verwaterd en dat is helemaal mijn schuld. Ik realiseerde me niet dat ik die vriendschappen zo hard nodig had. Jarenlang draaide het alleen maar om mijn studie en mijn eigen kleine business. Ik zat in mijn eigen sneltrein en niemand kon me bijhouden. Tot ik langzaam maar zeker tot stilstand kwam, ik mijn doelen had bereikt en erachter kwam dat iedereen verder was gegaan. Op de een of andere manier had ik verwacht dat vriendschappen altijd vriendschappen zouden blijven, en dat ik zodra ik er weer klaar voor was, daar direct naar kon grijpen.

Naïef was ik, om te denken dat het maar van één kant hoeft te komen. We spreken elkaar nog wel eens, dat is het niet. Het is ook niet dat ik helemaal geen contacten meer heb. Maar ik heb, naast Tony, niemand met wie ik mijn gevoelens kan delen. Wie bel ik voor een spontaan koffietje op een mooie zomeravond? Of een gekke meidenavond vol wijn en tapas? Wie stuur ik huilend een berichtje als ik een keer knallende ruzie heb met mijn vriend? Ik weet het niet. Wel weet ik dat ik die verdomde spontane vriendinnenavondjes en borrelavondjes vol slappe humor keihard mis.

Harvard begon meer dan honderd jaar terug aan een studie, genaamd Harvard Study of Adult Development, die as we speak nog steeds loopt. Ze volgden daarbij mannen, en inmiddels ook vrouwen (joe, het werd

tijd), uit verschillende sociale klassen en buurten om te kijken hoe ze zich zouden ontwikkelen. Hierbij werd gekeken naar of ze een gezin startten, wat voor baan ze hadden en in hoeverre ze zich gelukkig voelden. Er was geen detail dat ze niet meenamen in het onderzoek. Van jong tot oud, arm tot rijk, de uitkomst was verrassend: de mate geluk die de deelnemers ervaarden was niet terug te koppelen aan hun netto-inkomen of woonplaats. De deelnemers die aan het eind van hun leven stelden het gelukkigst te zijn, hadden sterke relaties met andere mensen en wisten die na al die jaren nog steeds goed te onderhouden. Ook werd er een link gelegd tussen leeftijd en relaties: de deelnemers met goede en sterke relaties werden zelfs ouder. Het onderzoek claimt daarom dat gezonde relaties daarmee net zo belangrijk zijn als een gezond dieet en sporten.

Wells Fargo publiceerde in 2017 een studie die de aanname ondersteunt dat we geluk uiteindelijk dichterbij vinden dan we vaak (willen) geloven. Millennials werd gevraagd de voor hen vijf meest met geluk gerelateerde woorden op te noemen. Wat bleek? Liefde (niet alleen voor een partner, maar ook familie) kwam vooraan met 62 procent van de stemmen, gevolgd door *doing good*, geld, werk en power. Dit is een interessante uitkomst, want als we om ons heen kijken, lijkt werk vaak het belangrijkste aspect te zijn. Succesvol worden, carrière maken. Toch maakt bij het merendeel van ons tijd spenderen met onze familie (72 procent) en vrienden (62 procent) ons het allergelukkigst. Betekent dat dat je langer leeft als je veel vrienden hebt, of een gelukkige liefdespartner? Nee. Het is niet per se de hoeveelheid die telt, maar de kwaliteit van die relaties of het contact met anderen. Het vermogen om je kwetsbaar op te stellen tegenover iemand, te luisteren, te delen.

Eerder lazen we dat acties krachtiger zijn dan gedachtes en dus plaatste ik op 9 augustus 2017 een video op YouTube waarin ik openlijk praatte over mijn eenzaamheid-'probleem'. Ik bleek de enige niet te zijn. Binnen de kortste keren kreeg ik honderden berichtjes van mannen en vrouwen die in hetzelfde schuitje zaten en zelfs een paar verzoekjes van Nederlanders in Málaga die wel eens wilden afspreken. Ik besloot mijn gêne opzij te zetten en op een van die berichtjes te reageren. Het was nog spannender dan mijn eerste Tinder-date met Pierre, maar toen we na een uur al meer dan tien dingen gemeen hadden, wist ik het zeker: ik had weer een vriendin in mijn leven. Via die vriendin genaamd Sabine heb ik de afgelopen drie jaar weer andere expats in Málaga leren kennen en nu kan ik me het leven zonder mijn vriendschappen niet meer voorstellen. Deze eerste zet heeft er zelfs voor gezorgd dat ik het contact weer oppakte met een paar van mijn oude vriendinnen uit Purmerend. Ze zijn inmiddels al twee keer langs geweest en in Nederland houden we regelmatig meidenavonden als vanouds.

Wil je meer tijd in je eigen geluk steken, steek dan meer tijd in de relaties die er voor jou toe doen of er ooit voor jou toe deden. Stuur die oude vriendin een berichtje, herinner je vriend of vriendin eraan waarom je zoveel van hem of haar houdt en vertel je zus hoe grappig je haar wel niet vindt. Het is soms lastig om dit als prioriteit te bestempelen in je overvolle to-dolijst, maar onderschat de waarde van goede contacten niet. Maak er desnoods een kwartiertje tijd voor vrij in je agenda of stel een alarm in op je telefoon. Je krijgt er zoveel voor terug.

DE SLEUTEL TOT GELUK

Zeggen dat je niet constant gelukkig kunt zijn, is je op glad ijs betreden, maar ik ben Hollands en houd wel van een potje schaatsen. Het is interessant, de manier waarop wij mensen in elkaar steken. Geluk is als een drug voor ons, misschien nog wel verslavender dan liefde of zelfs de ontembare wanderlust. We lonken naar een bepaald doel, een gebeurtenis in ons leven, en doen dat zo hard en met zo veel passie dat we eenmaal daar weer achterblijven met exact diezelfde behoefte naar meer geluk. Daarbij overschatten we de hoeveelheid van geluk compleet: we dénken ons extreem gelukkig te zullen voelen als we eindelijk het huwelijksbootje in stappen of een bepaalde functie bemachtigen, maar decennia aan onderzoeken laten ons toch echt het tegendeel zien: we komen altijd weer terug van een koude (geluks)kermis en belanden weer op dezelfde emotionele basis als we al zaten. Deze natuurlijke reactie van het lichaam, deze impact bias, bestond al voordat de millennials geboren waren en zal bestaan als de (nog naamloze) generatie na Generatie z geboren wordt. Voorgaande generaties schiepen zulke hoge verwachtingen dat het niets anders kon dan tegenvallen. Misschien is het daarom aan ons de taak om zowel onze voorgaande als toekomstige generaties te laten zien dat het leven geen constante zoektocht is naar het geluk, maar dat geluk iets is waar je voor kiest. Vandaag nog, als je dat wilt.

We zijn de afgelopen hoofdstukken langs alle elementen gegaan die wat mij betreft het huidige bestaan zo speciaal maken. Maar of we het nou hebben over #~~girl~~boss, #couplegoals, #nofilter of #wanderlust, het is allemaal niets waard zonder het laatste fundamentele stukje, het stukje #happylife. Het stukje geluk. Zit je lekker in je vel, dan ben je er bijna zeker van hoog te scoren op alle andere vlakken. Geluk zit hem daarom niet in je blindstaren op je *life goals* en al helemaal niet op de #goals op de tijdlijn van andermans Instagram. Want ook al ben je millennial en ook al wordt het ons met de paplepel ingegoten dat je moet voldoen aan allemaal bizar hoge standaarden: jij bent nog steeds de enige verantwoordelijke voor je keuzes en daarom ook voor je geluk. En of dat nou betekent dat je je zes dagen per week een slag in de ronde werkt of in een boomhutje met warme choco en kaarslicht terugtrekt, jij bepaalt hoe jij dit invult.

Van zonder telefoon buiten spelen tot late MSN-gesprekken, van de videotheek naar Netflix, van de Free Record Shop naar muziek streamen op Spotify: we hebben heel wat veranderingen meegemaakt. Het gebruiksgemak is er zeker op vooruitgegaan. Elke volgende technologische innovatie maakt ruimte voor consumenttevredenheid en een makkelijker leven. Maar het neemt daarbij een stukje mensheid weg. De vernieuwingen in technologie zijn geweldig en ook ik maak er gebruik van, maar het betekent wel dat we ons meer dan ooit bewust moeten zijn van connecties. We blijven nieuwe onderzoeken doen naar het behalen van ultiem geluk, misschien op zoek naar een makkelijker antwoord, of een comfortabeler antwoord, maar feit is: verbinden maakt gelukkig. En dan heb ik het niet over een goede wificonnectie. Gerichte acties om die verbondenheid te creëren maken ons gelukkig. Door te verbinden met andere mensen komen we ook dichter bij onszelf te staan.

Aan het begin van dit hoofdstuk ging het over de vraag: 'Hoe worden we gelukkig?' Inmiddels denk ik dat ik er voor mezelf achter ben. Ik denk zelfs dat ik het stiekem al die tijd al wist. Geluk is daarom als je het mij vraagt zo veel mogelijk geluksmomentjes nastreven en ze bewust beleven. Het is het besef dat er soms een traan moet vallen, om daarna weer met een lach op te kunnen staan. We kunnen niet oneindig op een gelukswolk leven en juist daarom zijn die momentjes van puur geluk zo waardevol. Iedereen weet dat avonden met kaarsen en warme chocolademelk de gezelligste zijn, en dat een (lekkere veerkrachtige) balans belangrijk is in je leven. De uitdaging is die positieve gedachtes vasthouden en ze blijven ervaren.

Maak een praatje met iemand in de rij bij de supermarkt en ga weer eens de deur uit zonder een beeldscherm aan je hand gelijmd, gewoon, om eens dingen echt goed in je op te nemen. Doe iets aardigs zonder er iets voor terug te verwachten, laat je broer of zus weten hoeveel je van ze houdt. Geluk zit in de kleine momenten en in de hechte vriendschappen. In dat drankje op een late zomeravond op het terras of in dat korte praatje met die onbekende op straat. Het zit in een eerste kus, in een spontane reis en het uitoefenen van je passie. Geluk zit hem in het besef dat je vandaag een nieuwe kans hebt gekregen om te kunnen leven, écht te kunnen leven. Een kans die zo veel anderen niet kregen. En ik weet het, je hebt al zo weinig tijd en zoveel verplichtingen. Druk zijn in de wereld waarin we leven, is vaak lastig te vermijden. Maar in hoeverre we die drukte toelaten in ons hoofd, is aan jou en mij. Ik weet als geen ander dat de keuzes voor onze generatie oneindig lijken en dat de mogelijkheden je om de hals kunnen vliegen. Maar welke keuze je ook maakt: het zal de keuze zijn die uiteindelijk voor jou het best is. Het is namelijk jouw keuze.

Nawoord

Lieve lezer,

Ik mag dan misschien wel geen expert zijn en hoewel ik niet veel over jou weet, heb ik het gevoel dat jij en ik niet veel van elkaar verschillen. We zijn de generatie van geluk: enthousiast, nieuwsgierig en levenslustig, maar tegelijkertijd onzeker, verward en misschien zelfs een beetje bang. Bang voor de toekomst, bang dat we verkeerde keuzes maken. Continu op zoek naar de definitie van geluk in de turbulente wereld waarin we leven. We zijn een bijzondere generatie. Jij bent bijzonder.

Dat het schrijven van dit boek zoveel bij mij los zou maken, had ik niet aan zien komen. Nog nooit heb ik mezelf zo onder een vergrootglas gelegd en ik ben mezelf dan ook keihard tegengekomen. Het was niet altijd even makkelijk om mijn eigen fouten toe te geven of mijn zwakke eigenschappen te erkennen. Maar wat heeft dit schrijfproces voor veel duidelijkheid gezorgd. Hoewel ik alles vanuit mijn eigen belevingen geschreven heb, hoop ik stiekem dat het op zijn minst een fractie van hetzelfde effect op jou heeft gehad. Misschien wekte het wat confrontatie of herkenning op, maar hopelijk ook vooral heel veel rust. Want hoeveel we ook verschillen in leeftijd, cultuur of geslacht, uiteindelijk blijkt maar weer dat wij mensen verschrikkelijk veel op elkaar lijken. Verbinden maakt ons menselijk.

Met dit boek hoop ik dan ook voor altijd een beetje verbonden te zijn met jou.

Ik hoop dat je dit boek ziet als een kleine reminder die je er af en toe bij kunt pakken. Zelf zal ik er in ieder geval nog vaak naar grijpen als mijn millennialbrein weer de overhand neemt.

Tot snel.

Liefs,
Lau

Bronnen

Baumeister R.F., & Leary M.R. (1995). The need to belong: Desire for interpersonal attachments as a fundamental human motivation. Psychological Bulletin, 117, 497-529.

Bratman, S., & Knight, D. (2004). *Health Food Junkies*. Amsterdam, Nederland: Adfo Books.

Brickman, P., Coates, D., & Janoff-Bulman, R. (1978). Lottery winners and accident victims: Is happiness relative? *Journal of Personality and Social Psychology, 36*(8), 917-927. https://doi.org/10.1037/0022-3514.36.8.917

Clance, P.R., & Imes, S.A. (1978). The imposter phenomenon in high achieving women: Dynamics and therapeutic intervention. *Psychotherapy: Theory, Research & Practice, 15*(3), 241-247. https://doi.org/10.1037/h0086006

Curran, T., & Hill, A.P. (2019). Perfectionism is increasing over time: A meta-analysis of birth cohort differences from 1989 to 2016. *Psychological Bulletin, 145*(4), 410-429. https://doi.org/10.1037/bul0000138

Fisher, H. (2017). *Anatomy of Love*, New York, USA: W.W. Norton, Incorporated.

Fisher, H.E., Brown, L.L., Aron, A., Strong, G., & Mashek, D. (2010). Reward, Addiction, and Emotion Regulation Systems Associated With Rejection in Love. *Journal of Neurophysiology, 104*(1), 51-60. https://doi.org/10.1152/jn.00784.2009

Fisher, Helen, Aron, A., & Brown, L.L. (2005). Romantic love: An fMRI study of a neural mechanism for mate choice. *The Journal of Comparative Neurology, 493*(1), 58-62. https://doi.org/10.1002/cne.20772

Germine, L., Russell, R., Bronstad, P.M., Blokland, G.A.M., Smoller, J.W., Kwok, H., Wilmer, J.B. (2015). Individual Aesthetic Preferences for Faces Are Shaped Mostly by Environments, Not Genes. *Current Biology, 25*(20), 2684-2689. https://doi.org/10.1016/j.cub.2015.08.048

Gilbert, D. (2009). *Stumbling on Happiness*. New York, USA: Macmillan Publishers.

Hibberd, J. (2019). *The Imposter Cure*. London, UK: Octopus.

Holland, G., & Tiggemann, M. (2016). 'Strong beats skinny every time': Disordered eating and compulsive exercise in women who post fitspiration on Instagram. *International Journal of Eating Disorders*, *50*(1), 76-79. https://doi.org/10.1002/eat.22559

Kersten, M., Cox, C.R., & Van Enkevort, E.A. (2016). An exercise in nostalgia: Nostalgia promotes health optimism and physical activity. *Psychology & Health*, *31*(10), 1166-1181. https://doi.org/10.1080/08870446.2016.1185524

Parker-Pope, T. (2019, July 12). Should We All Take the Slow Road to Love? Retrieved from https://www.nytimes.com/2019/07/02/well/family/millennials-love-relationships-marriage-dating.html

Solomon, R.L., & Corbit, J.D. (1974). An opponent-process theory of motivation: I. Temporal dynamics of affect. *Psychological Review, 81*(2), 119-145. https://doi.org/10.1037/h0036128

Blom, K. (2018, 7 mei). TEDx Talks. *You Don't Find Happiness, You Create It | Katarina Blom | TEDxGöteborg*. Geraadpleegd van https://www.youtube.com/watch?v=9DtcSCFwDdw

Young, V. (2011). The Secret Thoughts of Successful Women. New York, USA: Crown.

Wapnick, E. (2017). *How to Be Everything*. California, USA: HarperOne.

www.ad.nl. (2016, 9 december). *Onderzoek Postcode Loterij: Geld maakt niet gelukkig*. Geraadpleegd van https://www.ad.nl/nieuws/onderzoek-postcode-loterij-geld-maakt-niet-gelukkig~acf50582/